Werte Freunde des Grillens,

Sie halten gerade ein Resultat der fruchtbaren Zusammenarbeit der Firma NAPOLEON® Gourmet Grills und Andreas Rummel in den Händen – und darauf sind wir, Michael Voragen und Fred Schalkwijk, mächtig stolz.

Im Jahr 2010 lernten wir Andreas Rummel auf einer Messe kennen. Es dauerte nicht lange, bis wir bemerkten, dass die Chemie und das Miteinander stimmen, und schließlich stellten wir Andreas unsere Grills zur Verfügung, um diese ausgiebig zu testen.

Das Feedback von Andreas bezüglich der Sizzle Zone™, der Multifunktionalität und Qualität der Grills war euphorisch, und so hat er sich entschieden, die Marke NAPOLEON® mit seinem Gesicht und seinem Namen in Deutschland zu präsentieren. Die Besichtigung des Werks in Kanada, das Kennenlernen der Familie Schröter sowie die Philosophie und Arbeit von NAPOLEON® bestärkten ihn in seiner Entscheidung.

Die vielen gemeinsamen Erfolge während der vergangenen vier Jahre haben uns zu einem nachhaltig funktionierenden Team zusammengeschweißt. Andreas zeigte uns, welche Vielfalt sich hinter unseren Grills verbirgt. Er brachte die außergewöhnlichsten Gerichte, mit aller Art von Techniken hergestellt und gegrillt auf höchstem Niveau, auf den Teller. Seine Kreationen im Zusammenspiel mit unseren Grills überzeugen selbst die Spitzengastronomie.

Nun präsentieren wir gemeinsam »Die Hohe Schule des Grillens«. Sie ist das Ergebnis unserer über viele Jahre gesammelten Erfahrungen. Wir freuen uns, dass wir das grenzenlose, ganzjährige Grillvergnügen in einem weiteren Werk zusammenfassen konnten und wünschen Ihnen viel Spaß und Erfolg beim Zubereiten der vorgestellten Gerichte.

Mit grillkulinarischem Gruß

M. Voragen   *F. Schalkwijk*

Michel Voragen und Fred Schalkwijk
NAPOLEON® Grills Europe

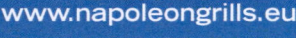

IMPRESSUM

Produktmanagement: Annemarie Heinel
Textredaktion: Anja Ashauer-Schupp
Korrektur: Petra Tröger
Layout und Satz: Susanne Kraus, mcp concept
Umschlaggestaltung: Eva M. Salzgeber, Caroline Daphne Georgiadis mit Fotos von Carolin Friese
Repro: Repro Ludwig, Zell am See
Herstellung: Bettina Schippel
Rezepte: Andreas Rummel
Texte: Andreas Rummel, Thomas Vilgis, Ralf Bos, Markus Mizgalski
Fotos: Alle Fotos stammen von Carolin Friese, außer:
S. 26 Thomas Vilgis, MPI für Polymerforschung; S. 38 Fleischerei Fessel; S. 216 unten BosFood;
S. 217 oben Fleischerei Fessel, Mitte iSi Gourmet, unten FSK Fotoservice Kötz;
S. 218 unten Grillkulinarium; S. 219 Kathrin Schreiner
Foodstyling: Michaela Baur
Illustrationen: Oliver Maute, mcp concept

Printed in Slovakia by Neografia

Sind Sie mit diesem Titel zufrieden?
Dann würden wir uns über Ihre Weiterempfehlung freuen.

Erzählen Sie es im Freundeskreis, berichten Sie Ihrem Buchhändler, oder bewerten Sie bei Onlinekauf. Und wenn Sie Kritik, Korrekturen, Aktualisierungen haben, freuen wir uns über Ihre Nachricht an Christian Verlag, Postfach 40 02 09, D-80702 München oder per E-Mail an lektorat@verlagshaus.de.

Unser komplettes Programm finden Sie unter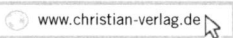

Alle Angaben dieses Werkes wurden von den Autoren sorgfältig recherchiert und auf den neuesten Stand gebracht sowie vom Verlag geprüft. Für die Richtigkeit der Angaben kann jedoch keine Haftung übernommen werden.

Die Deutsche Nationalbibliothek verzeichnet diese Publikation in der Deutschen Nationalbibliografie; detaillierte bibliografische Daten sind im Internet über http://dnb.d-nb.de abrufbar.

© 2014 Christian Verlag GmbH, München

ISBN 978-3-86244-589-9

Hat es Ihnen geschmeckt? Dann probieren Sie doch auch »Meister am Grill«!
Ihr Andreas Rummel

Andreas Rummel · Thomas Vilgis · Fotos Carolin Friese

DIE HOHE SCHULE DES GRILLENS

Das Beste für Rost und Spieß

CHRISTIAN

DIE HOHE SCHULE DES GRILLENS

INHALT

VORWORT VON RALF BOS

Vor einigen Jahren machte ich ein Praktikum in Rochester/New York. Ich hatte mich bei Dinosaur, dem meines Erachtens nach besten Barbecue-Restaurant der Welt, um dieses Praktikum beworben, um dem Geheimnis des perfekten Grillguts an der Quelle auf den Grund zu gehen.

Das dort Gelernte hat mich dermaßen elektrisiert, dass ich noch Wochen später über kaum etwas anderes nachdenken konnte als über Barbecue. Ich kaufte sofort riesige Smoker, richtete in den Räumen meiner Firma einen Schulungsraum für Barbecue-Kurse ein, ließ Dozenten aus New York einfliegen und gab mit ihnen zusammen Kochkurse für Profis. Ich hielt und halte meine Entdeckungen von damals immer noch für epochal. Niedrigtemperaturgaren in Verbindung mit heißem Rauch ist eine genussvolle Dimension, wie es sie kaum sonst wo im kulinarischen Universum gibt.

Parallel dazu begab ich mich auf die Suche nach einem Dozenten aus Deutschland, der mächtig Grillerfahrung, aber auch eine Affinität für die modernen Barbecue-Techniken hat. Immer wieder wurde mir Andreas Rummel empfohlen, und irgendwann kam es dann zu unserem ersten Treffen. Andreas und ich klebten wie zwei Magnete aneinander. All das neue Wissen, das ich vermeintlich aus den USA mitgebracht hatte, war von ihm nicht nur bereits gelebt, sondern auch schon überarbeitet und verbessert worden. Er teilte meine Euphorie für den Smoker, lehrte mich aber, dass man fast gleichwertige Ergebnisse mit dem Kugelgrill

erzielen kann. Es verging kaum eine Woche, in der wir nicht irgendeine Schulung, einen Kochkurs oder Lehrgang gegeben oder auf einem Event zusammen gekocht haben. Wir wurden schon gefragt, wo denn der andere sei, wenn wir mal nicht zusammen auftauchten.

In dieser Zeit konnte ich mir ein ziemlich klares Bild von Andreas machen: Er ist ein Verrückter. Ein positiv Grillverrückter, aber eben ein Verrückter. Er hat's drauf. Alles, was irgendwie mit Feuer oder glühender Kohle zu tun hat, hat er einfach drauf. Er ist sich seiner Sache sicher, so sicher wie das Amen in der Kirche. Er arbeitet mit fundierten Kenntnissen und erzielt perfekte Ergebnisse. Und, das Beste: Er ist ein feiner Kerl. Wenn ich mal längere Zeit in einem Haus eingesperrt sein sollte und mir nur eine Person als Besuch aussuchen dürfte, mit der ich nicht verwandt sein darf, dann würde ich den Andreas wählen.

Und einen Grill.

Und ein gutes Stück Fleisch.

Jetzt halten Sie seine hohe Schule des Grillens in der Hand, und ich beglückwünsche Sie dazu. Vertrauen Sie auf den Meister und erreichen Sie die nächste Stufe auf dem Weg zum wahren Sinn des Lebens – dem Zubereiten eines perfekten Barbecue.

Viel Spaß dabei, wünscht Ihnen

Ralf Bos (Der Delikatessenjäger)

VORWORT

Grillen ist wohl das ursprünglichste Verfahren, um Speisen für den Menschen besser verzehrbar und bekömmlich zu machen. Ich gehe mal davon aus, dass der Mensch nur überleben konnte, weil er das Grillen auf offenem Feuer lernte. So verwundert es auch nicht, dass wir Gegrilltem kaum widerstehen können. Jedoch geht es mittlerweile beim Grillen weniger ums Überleben, sondern vielmehr um den kulinarischen Aspekt.

Die Deutschen lieben Grillen. Laut repräsentativer Umfragen geben rund 40 Prozent an, regelmäßig den Grill anzuwerfen. Wenn ich aber einigen solcher potenziellen Grillmeister zuhöre, habe ich das Gefühl, ich lausche den Fantasien pubertierender Zehntklässler: »Möglichst schnell kräftig einheizen und dann ordentlich Feuerwerk.« Marinierte Nackensteaks vom Discounter, Bratwürste in den verschiedensten Variationen, Bauchfleisch, die berühmt-berüchtigten Grillfackeln, bunte Spieße aller Art, Rind, Schwein, Lamm und Geflügel – alles kommt auf den Grill. Es ist ein Rundumschlag quer durch die Fleischtheke.

Am meisten Fantasie haben die Mitarbeiter der Fleischabteilung bei der Herstellung von bunten Grillspießen. Ich werde den Verdacht nicht los, dass die meisten Spieße nach Farben zusammengestellt werden und nicht nach Geschmack oder etwa – was sinnvoll wäre – nach den Garzeiten der Zutaten. Da verirrt sich schon mal ein Champignon aus der Dose neben einem sehr mageren Stück Jungbullenfleisch aus der Keule. Oder eine dünne Zucchinischeibe neben einem beachtlichen Würfel Schweinenacken. Wenn man skeptisch nachfragt, ob das beim Grillen funktioniert, ob nicht etwa das Gemüse schwarz bevor das Fleisch gar ist, bekommt man die Antwort, dass man das schon selbst ausprobiert hat und dass das Fleisch superzart und saftig ist und geschmacklich perfekt zum Gemüse passt. Gemüse sei ja außerdem auch gesund. Ich hab mir mal den Spaß gemacht und solche »Kuriositäten der Fleischtheke«, die bunten Spieße, ganz vorsichtig indirekt bei moderater Hitze gegrillt und probiert. Aber scheinbar sollte ich mal ein Seminar bei den Fleischfachverkäufer/innen machen, ich hab das nie zufriedenstellend hinbekommen. Meist ist das Gemüse vorher vom Spieß gefallen.

Um solchen und anderen Katastrophen beim Grillen vorzubeugen, habe ich dieses Buch geschrieben. Es baut auf dem Wissen bereits veröffentlichter Grillbücher auf, die die Basics des Grillens erklären. Mein Anliegen ist es zu vermitteln, was da eigentlich beim Grillen passiert – unter dem Rost und auf dem Rost. Weiterhin möchte ich mit hartnäckigen Vorurteilen, Grillmythen und gefährlichem Halbwissen aufräumen. Ich selbst habe oft genug irgendwelche Regeln und Tipps einfach nachgeplappert, ohne sie selbst zu testen, zu recherchieren und der Sache auf den Grund zu gehen.

Rund um das Thema Lebensmittel bin ich sehr neugierig. Ich hole mir bei kontroversen Themen gern die verschiedensten Meinungen ein und bilde mir dann meine eigene. Meine Seminare richten sich sowohl an Endverbraucher als auch an Beschäftigte in der gehobenen Gastronomie, und da sollte ich immer auf dem aktuellsten Wissensstand sein, was Techniken und Lebensmittel betrifft. Optimal ist es, wenn ich selbst eingefleischte Profis noch mit dem einen oder anderen Tipp beeindrucken kann. Ein Großteil meines Wissens beruht auf Tipps und Tricks von Kollegen und Freunden aus der Grill- und Kochszene. Dies ist ein nicht zu unterschätzendes Potenzial. Weiterhin nutze ich die Herbst- und Wintermonate, um Fachbücher zu lesen, im Internet zu recherchieren und natürlich in meinem »Labor« selbst zu testen.

Lebensmittel sind die Rohstoffe, mit denen ich arbeite. Es gibt für mich keine gesunden oder ungesunden Lebensmittel. Das Wichtigste für mich ist der Geschmack. Schon Paracelsus hat gesagt: »Alle Dinge sind Gift, und nichts ist ohne Gift; allein die Dosis macht's, dass ein Ding kein Gift ist.« Für mich heißt das: »Die Dosis macht das Gift.« In der öffentlichen Meinung steht Grillen häufig synonym für einen Sommerabend, an dem Würstchen und marinierte Fleischlappen über glühend heißer Holzkohle gegrillt werden. Ich möchte das Bewusstsein dahingehend erweitern, dass Grillen als anspruchsvolle, höchst kulinarische, abwechslungsreiche und auch in der gehobenen Gastronomie einsetzbare Zubereitungsart von Lebensmitteln angesehen wird.

Ich glaube, das Wort Grillsaison gibt es nur in Mitteleuropa. In anderen Ländern, beispielsweise in Kanada, gibt es ein Schimpfwort, ähnlich dem »Warmduscher« bei uns. Übersetzt lautet es: »Grill über den Winter Reinschieber oder Abdecker.« Was so viel bedeutet wie: Grillsaison ist das ganze Jahr und nur die, die's nicht draufhaben, stellen den Grill im Winter beiseite. *4 Season Grilling* spiegelt sich auch in einigen meiner Rezepte wider. Ich wollte mit Zubereitungsarten wie Sous-vide-Garen und Druckmarinieren, kombiniert mit dem Grillprozess, kreative Rezepte schaffen. Nicht alle Rezepte erfordern, dass man sich sklavisch daran hält. Betrachten Sie sie auch als Anstoß für Ihre Kreativität um und am Grill.

Da mein über die Jahre angeeignetes Wissen nur ein Bruchteil von dem ist, was ich noch über Lebensmittel und deren Zubereitungsmöglichkeiten – und zwar nicht nur am Grill – lernen möchte, bleibe auch ich neugierig und wünsche viel Spaß mit diesem Buch.

Ach ja, was ich noch sagen wollte: Ich werde in Seminaren oft gefragt, ob man etwa dieses oder jenes darf oder nicht. Meine Meinung: Grundsätzlich darf man alles! Ob es wirklich Sinn macht und am Ende auch schmeckt, ist was anderes.

Ihr Andreas Rummel

THEORIE

THEORIE

MIT HOLZKOHLE ZUR ZIVILISATION

Ich bin überzeugt: Die älteste Art der Speisezubereitung, das Grillen, machte auf Dauer den Unterschied in der Entwicklung von Mensch und Affen – obwohl ich auch da mittlerweile manchmal am Zweifeln bin. Mit der Bändigung des Feuers und beim Rösten frisch erlegter Wildtiere machten die Neandertaler ihre ersten kulinarischen Erfahrungen. Genau aus diesem Grund ist es auch nicht verwunderlich, dass viele von uns heute noch beim Geruch von frisch gegrilltem Fleisch in Ekstase geraten.

VORTEILE DER HOLZKOHLE

Bei den damaligen, ersten Grillversuchen haben unsere Vorfahren schnell mitbekommen, dass das Grillen über dem offenen Feuer nicht so einfach ist und dass das Fleisch schnell verbrennt. Sie kamen aber ebenso fix dahinter, dass sich unverbranntes Holz, das glüht, besser zum Grillen eignet. So begannen sie nach Waldbränden, das zu Holzkohle verkokte Holz zu sammeln. Die Vorteile dieser Holzkohle erkannten sie schnell: Sie war leicht zu transportieren und brannte sauberer, heißer und gleichmäßiger als Holz. Doch bis die Menschen erkannten, wie sie den Prozess des Verkokens selbst kontrollieren können, verging noch eine lange Zeit. Aus meiner Sicht ist klar: Die Holzkohle brachte uns das Rüstzeug für die Zivilisation.

DIE HERSTELLUNG

Gute Holzkohle sollte aus Harthölzern wie Buche oder Eiche hergestellt sein. Nadelhölzer eignen sich weniger, da ihr Harzanteil hoch ist. Mittlerweile gibt es diverse Methoden zur Herstellung von Grill-Holzkohle. Nachfolgend sollen einige davon erläutert werden.

1. Die Verkohlung von Holz in Meilern und/oder Haufen:
Hier erhitzt man das Holz in geschlossenen halbkugelförmigen Erdhügeln ohne Luftzufuhr. Ich stamme aus dem Harz, wo man noch regelmäßig diesem alten Handwerk nachgeht. Und ich muss sagen: So ein rauchender Meiler im Wald hat schon etwas Ursprüngliches. Auch wenn der Köhler mit rußgeschwärztem Gesicht berichtet, dass er eine Woche lang Tag und Nacht am Meiler gewacht hat. Er muss aufpassen, dass der Meiler nicht zu viel Luft bekommt, damit das Holz nicht verbrennt. Das erkennt er am aufsteigenden Rauch. Wenn der Rauch weiß ist, verkokt das Holz gleichmäßig, aber sobald der Rauch blau wird, brennt das Holz, und er muss die Luftzufuhr im Meiler drosseln.

So ursprünglich diese Methode auch ist, so hat sie doch auch Nachteile: Beim Verkoken des Holzes entstehen im Meiler Teer und Holzessig, welche in den Boden sickern und sich teilweise auch noch in der Holzkohle befinden. Diese Holzkohle raucht beim Grillen.

2. Herstellung im Retortenverfahren:
Kurz gesagt bezeichnet dieses Verfahren die Verkohlung von Holz in geschlossenen Gefäßen, die von außen – ohne Luftzufuhr – geheizt werden. Hier nun die Herstellung im Detail: Bei der Herstellung im Retortenverfahren – einmalig in Deutschland vom Grill-Holzkohle-Hersteller proFagus angewendet – wird das Holz über einen Zeitraum von etwa zwei Jahren gelagert und dann getrocknet, bis sein Wassergehalt unter 20 % liegt. Dieses Holz wird über Fließbänder in die Retorte gefüllt und dort unter Luftausschluss kontrolliert auf mindestens 275 °C erhitzt. Dann steigt die Temperatur bei der Verkokung von allein weiter bis auf etwa 500 °C. Die Grillkohle aus der Retorte hat nach Angaben des Herstellers einen Kohlenstoffgehalt von über 80 %. Zur Weiterverarbeitung wird die Holzkohle nach Größen sortiert. Größere Stücke kommen in 10–15-kg-Säcke. Sie sind für die Gastronomie oder andere Großverbraucher gedacht. Die kleinen Stücke werden für den privaten Endverbrauch in 2,5–6-kg-Säcke gefüllt.

Die Vorteile: Giftige Stoffe, die bei der Verkohlung von Holz entstehen, werden herausgefiltert. Das heißt, die anfallenden Nebenprodukte (Teer, Holzessig, Rauacharomen usw.) können weiterverarbeitet werden, und die Grill-Holzkohle bleibt frei von giftigen Stoffen.

Der Staub und die kleineren (2 cm) Holzkohlestücke, die bei diesem Verfahren übrig bleiben, werden zur Herstellung von Grillbriketts verwendet: Die Mischung wird gemahlen, mit einem natürlichen Bindemittel – oft ist es Getreidestärke – vermischt, in Formen gepresst und 3 Stunden bei 80 °C gebacken. Diese Briketts brauchen zwar im Vergleich zur Holzkohle etwas länger zum Entzünden, halten die Hitze aber länger. Gute Holzkohle und Briketts verbrennen nahezu rauchfrei. Lediglich beim Anzünden der Briketts bildet sich etwas Rauch, hervorgerufen durch die Verbrennung des Bindemittels.

Wichtig ist zudem: Wo Grillkohle draufsteht, ist nicht immer Holzkohle drin. Einige Anbieter stellen auch Grillkohle aus Braunkohle her. Auf dem Markt gibt es viele Anbieter von Holzkohle. Der größte Anteil der Holzkohle – über 90 % – wird importiert. Paraguay, Polen und Argentinien spielen dabei die Hauptrolle. Weiterhin ist aus verkokten Kokosnussschalen hergestellte Holzkohle nicht mehr vom Markt wegzudenken.

HOLZKOHLE VERSUS BRIKETTS

Diskussionen über die Verwendung von Grillkohle oder Briketts sind gang und gäbe. Da werden die Vorteile der Grillkohle – sie brennt schneller, heißer und sauberer – mit denen von Briketts verglichen. Viele Grillkohle-Anhänger sind auch überzeugt davon, dass Buche, Mesquite, Eiche oder Birke beim Grillen etwas von ihrem Aroma an das Gargut abgeben. Demgegenüber schwören die Brikettfans auf die stetige, lang anhaltende Wärme. Auf den Briketts bildet sich nach einer Weile eine Ascheschicht, welche die Glut etwas isoliert. Sie verbrennt dadurch kühler, aber auch langsamer und länger.

Die meisten Fehler beim Grillen mit Holzkohle werden dann gemacht, wenn man den Sack in der Hand hat und auflegen will. Zu diesem Zeitpunkt muss man sich entscheiden: »Will ich schmieden oder grillen?« Viele Griller – egal ob sie Holzkohle oder Briketts bevorzugen – legen einfach zu viel auf und entfachen ein Schmiedefeuer. Fix legen sie in Öl marinierte Steaks und Würstchen auf den Grill, und das Feuerwerk kann losgehen. Fett tropft in die Höllenglut, entzündet sich und heizt als weitere Hitzequelle ordentlich ein. Diese Steaks sind entweder furztrocken oder außen schwarz und innen roh. In solchen Fällen empfehle ich Anzündkamine, in denen die Kohle oder Briketts vorglühen und anschließend auf dem Grill besser dosiert eingesetzt werden können.

Ich persönlich heize immer erst mit Holzkohle an, mit der ich ohne Probleme 1 Stunde grillen kann. Sollte es doch länger dauern, lege ich Briketts nach. Dann habe ich genug Hitze für die nächsten 3–4 Stunden.

WIE STEUERT MAN DIE HITZE AUF DEM GRILL?

Nun mag sich so mancher die Frage stellen: Wie steuere ich die Hitze meines Holzkohlegrills? Da gibt es ein paar Tricks: Sobald die Temperatur sinkt, die unteren Belüftungsschlitze – jeder brauchbare Kugelgrill sollte welche haben – öffnen. Damit mehr Sauerstoff an die Glut kommt, kann man auch die Kohlen schüren und von der Ascheschicht befreien. Keinesfalls sollte man voreilig nach dem Holzkohlesack greifen und nachlegen. In den meisten Fällen reicht es aus, die Luftzufuhr zu erhöhen. Falls die Temperatur nicht steigt, ist es empfehlenswert, Kohle in einem Anzündkamin vorzuglühen und dann nachzulegen.

Sollte die Kohle zu heiß geworden sein, die Sauerstoffzufuhr im Grill drosseln. Mit diesem System der regulierten Luftzufuhr können erfahrene Griller den Holzkohlegrill fast auf das Grad genau steuern. Es ist Übungssache, mit der verzögerten Reaktion des Abkühlens und Aufheizens von Holzkohle optimal umgehen zu können. Dabei sind auch Faktoren wie die Außentemperatur, die Qualität der Holzkohle und die Windverhältnisse zu berücksichtigen.

DAS TYPISCHE AROMA

Zurück zum Geschmack der zu Holzkohle verkokten Hölzer. Sobald die Flammen auf dem Grill verloschen sind und die Holzkohle glüht, ist alles verbrannt, was Geschmack an das Grillgut abgeben könnte. Alle Aromastoffe, die je im Holz waren, haben sich in Rauch aufgelöst, bevor das Grillgut den Rost überhaupt berührt hat. Was jetzt im Grill liegt – egal ob Holzkohle oder Briketts –, ist blanker glühender Kohlenstoff, welcher keine Aromen abgeben kann.

Aber was ist denn nun das typische Grillaroma beim Grillen mit Holzkohle? Rein wissenschaftlich betrachtet gibt es dieses Aroma nicht. Was beim Grillen verführerisch riecht und einem das Wasser im Mund zusammenlaufen lässt, sind die Fleischsäfte und Fette, die auf die Kohlen oder heißes Metall tropfen und dort verbrennen. Dort laufen beim Verdampfen der Proteine, Öle, Zucker etc. viele komplexe chemische Reaktionen ab. Die entstehenden Verbindungen ziehen dann als Dampf über das Grillgut und verleihen diesem den unvergleichlichen Geschmack.

GAS ODER HOLZKOHLE?

Komfort gegen Leistung ist das eigentliche Thema bei diesem Vergleich. Holzkohleglut wird heißer als die üblichen Gasbrenner. Gasbrenner brennen zwar sauberer mit einer leicht bläulichen Flamme bei deutlich heißeren Temperaturen von 1.500–2.000 °C. Aber sie geben die meiste Hitze an die Luft ab, die nach oben steigt, den Grillrost aufheizt und im Vorbeiströmen das Gargut erwärmt. Diese heiße Luft bringt nicht die Hitze, um ein Steak zu bräunen. Wenn Holzkohle richtig glüht, gibt sie Strahlungshitze im Bereich von 1.000 °C ab. Bei Holzkohle und bei modernen Gasgrills sprechen wir von Infrarotstrahlung.

Über den meisten Gasbrennern gibt es aus diesem Grund Lavasteine und ein Wärmeleitblech, die die Energie aufnehmen und als Strahlungshitze abgeben. Die Bleche und Lavasteine werden aber nicht so heiß, dass sie glühen können. Mit diesem Wissen im Hinterkopf hat sich der Grillhersteller Napoleon entschlossen, bei einigen Modellen einen sogenannten Sizzle-Zone-Infrarotbrenner einzubauen, bei dem das Gas durch viele kleine Löcher in einer Keramikplatte strömt. Das Gas wird entzündet, und die bis zu 2.000 °C heißen Verbrennungsgase geben die Hitze an die Keramikplatte ab, welche dann nach etwa 2 Minuten glüht. Da aber bei dem Prozess immer noch ein Großteil der Hitze an die Luft abgegeben wird, liegt die Temperatur auf so einer Sizzle Zone bei etwa 800 °C.

Der erfahrene Griller benötigt solche hohen Temperatur nur punktuell, um rasch Röstaromen zu erzeugen. Ich gare die meiste Zeit mit niedrigeren Temperaturen, und da kommen eindeutig die Vorteile eines modernen Gasgrills zum Einsatz, bei dem ich die Temperatur im Grillraum von 80 °C bis über 400 °C innerhalb von Minuten steuern kann. Wer beide Grillarten, Gas und Holzkohle, kombinieren möchte, für den bietet die Firma Napoleon einen Holzkohleeinsatz aus Guss an, den man über den Gasbrennern platziert. Die Gasflamme entzündet die Holzkohle, die auf einer Seite des Grills große Strahlungshitze bringt.

DER GRILLKAUF

Da Sie dieses Buch in der Hand halten, gehe ich davon aus, dass Sie sich ein Gerät anschaffen möchten, mit dem man die Rezepte nachgrillen kann. Alle Rezepte in diesem Buch lassen sich mit den meisten modernen Gasgrillgeräten problemlos zubereiten, mit einem Holzkohlegrill kann es etwas kniffliger werden.

Sie möchten sich einen Holzkohlegrill anschaffen? – Vielleicht überlegen Sie doch noch mal, ob es nicht ein Gasgrill werden soll? Folgende Gründe sprechen für Holzkohle:

- Ihrer Frau ist Gas nicht ganz geheuer und zu gefährlich. Sie sollten wissen: Die meisten Unfälle passieren beim Grillen mit Holzkohle.
- Sie haben keine Nachbarn, die Sie mit Rauch belästigen könnten.
- Sie haben viel Zeit, der Kohle beim Anbrennen zuzuschauen. Zusatznutzen: Asche aus reiner Buchenholzkohle ist ein prima Blumendünger.
- Sie hassen spontanes Grillen à la »Mann kommt von der Arbeit nach Hause und macht sich mal fix was auf dem Grill«.
- Sie lieben das ursprüngliche Grillen mit dem Akt des Feuerentzündens und die Vorstellung, dass Sie als Häuptling der Sippe frisch erlegtes Wildbret auf dem Grill zubereiten. Übrigens: In der Steinzeit hüteten meist die Frauen das Feuer.

Wenn Sie dennoch von Holzkohle überzeugt sind, sollten Sie darauf achten, dass der Grill einen Deckel mit Thermometer und einen abnehmbaren Aschekasten besitzt. Zudem sollte der Grill oben und unten Lüftungsschlitze zur Temperaturregelung haben und mit einem Gussrost ausgestattet sein. Gute Modelle gibt's ab etwa 300 Euro.

DER GASGRILL

Die Auswahl bei den Gasgrills ist ausgesprochen groß. Zuerst einmal muss man sich zwischen einem und bis zu sechs Brennern entscheiden. Zudem werden angeboten: Backburner für Grillspieße, Seitenkochfeld, Infrarotseitenbrenner, Grillinnenraumbeleuchtung und Vieles

Vergleichsgerät eines namhaften Herstellers	Napoleon LE3
Leistungsberechnung 12,3 kW Leistung mit 3 Brennern Grillfläche 66x50 cm = 3.300 cm² (Fläche Warmhalterost nicht eingerechnet) 12.300 W : 3.300 cm² = Leistung pro cm²: 3,7 W	**Leistungsberechnung** 14,4 kW Leistung mit 3 Brennern Grillfläche 69x46 cm = 3.174 cm² (Fläche Warmhalterost nicht eingerechnet) 14.400 W : 3.174 cm² = Leistung pro cm²: 4,5 W **Zusätzlich vorhanden:** Seiteninfrarotbrenner Sizzle Zone: 3,8 kW Infrarot-Backburner: 4,0 kW
UVP: 1249,00 Euro	UVP: 1249,00 Euro

(Angaben der Hersteller 2013)

mehr. Das gibt's in fast jeder Größe — vom kleinen Grill für den Balkon bis hin zu einer kompletten Außenküche.

Wenn man sich für eine Grillgröße entschieden hat, die Verarbeitung und Qualität stimmt und die Ausstattung zweier Geräte ähnlich und der Preis halbwegs vergleichbar ist, kann man deren Leistung miteinander vergleichen. Beispielhaft habe ich das für Sie getan (siehe Tabelle Seite 12). Zudem empfehle ich, als Back-up immer eine Gasflasche im Haus zu haben. Was nützt der beste Grill, wenn kein Gas da ist? Mit einer 5-l-Flasche grille ich 8–10 Stunden.

DIE REINIGUNG DES GRILLS

Nicht zu unterschätzen bei der Kaufentscheidung ist die Frage, wie sich dieser schöne Gasgrill reinigen lässt. Moderne Gasgrills haben so etwas wie eine Selbstreinigung. Bei geschlossenem Deckel heize ich den Grill auf. Bei Temperaturen über 300 °C verbrennen alle Reste des Grillguts im Innenraum zu Asche. Die Pyrolyse ist abgeschlossen, wenn kein Rauch mehr aufsteigt. Dann lasse ich den Grill ein wenig abkühlen und reinige den Grillrost mit einer Grillreinigungsdrahtbürste.

Die Flächen mit dem vom Grillhersteller empfohlenen Reinigungsmittel oder mit warmem Wasser mit Spülmittel reinigen. Vorsicht ist bei der Verwendung von Backofenreinigern geboten. Diese erst einsetzen, wenn der Grill nur noch leicht warm ist. Kommt chemischer Reiniger auf den heißen Grill, bilden sich giftige Dämpfe, die man besser nicht einatmet. Zudem sollte man den Backofenreiniger, bevor man ihn auf glatte, glänzende Außenflächen sprüht, an einer Stelle testen, die man nicht auf den ersten Blick sieht.

Die meisten Gasgrills besitzen unter den Brennern eine Fettauffangwanne. Diese sollte auch regelmäßig gereinigt werden. Falls sich Fett und verbranntes Grillgut entzünden, hat man den schönsten Fettbrand im Grill. Da hilft nur: Gasflasche zudrehen, aus dem Unterschrank entfernen und den Grilldeckel schließen, bis die Flammen erloschen sind.

GUSSEISEN ODER EDELSTAHL?

Gastbeitrag von Markus Mizgalski, leitender Redakteur des GrillMagazins und Grillblogger (pottfeuer.de)

Der Abdruck des Grillrosts, das so genannte Branding, ist auf einem perfekten Steak unverzichtbar. Nur: Wie bekommt man den Rost dazu, sein Muster ins Fleisch zu brennen? Das Material des Rosts spielt hier eine wichtige Rolle. Viele Grills werden serienmäßig mit einem Rost aus relativ dünnen Edelstahlstreben ausgeliefert, und mit denen wird das Branding bestenfalls »negativ«. Das bedeutet, dass der Bereich zwischen den Streben heißer ist als das Metall und hier die Maillardreaktion entsprechend stärker abläuft. Eigentlich sollte der Rost heißer sein als die Umgebung.

Aus diesem Grund besitzen einige Grills Roste aus Gusseisen, optional gibt es diese als Zubehör zum Nachrüsten. Gusseisen, also Grauguss, hat gegenüber Edelstahl einige Vor-, aber auch Nachteile. Die Wärmekapazitäten nehmen sich zwar nicht sehr viel – die von Grauguss liegt etwas höher als die von Edelstahl –, aber die in aller Regel massigeren Stäbe der Gussroste machen sich bemerkbar. Sie kühlen, legt man das Fleisch auf, an den Auflagestellen nicht so schnell aus und sorgen daher, sofern die Ausgangstemperatur hoch genug ist, für ein perfektes Branding. Natürlich sinkt dabei auch die Oberflächentemperatur des Gussrosts, aber neben der Masse spielt auch die deutlich höhere Wärmeleitfähigkeit im Vergleich zu Edelstahl eine Rolle. Der hohe Graphitanteil im Gusseisen sorgt dafür, dass Wärme schneller durch das Material transportiert wird. Obendrein absorbiert die dunkle Farbe die Wärmestrahlung besser.

Dicke Edelstahlroste entwickeln mit der Zeit in Ansätzen ähnliche Eigenschaften, weil ihre Unterseite an Glanz verliert. Auch sie bieten eine gute Wärmekapazität und können ein Branding auf das Steak zaubern. Wer aber oft und viele Steaks grillt, kommt um einen Gussrost eigentlich nicht herum; für indirektes Grillen tut es in jedem Fall auch das mitgelieferte Edelstahl-Exemplar.

Hinsichtlich der Pflege allerdings ist Letzteres etwas im Vorteil. Zwar lässt sich Gusseisen mittels Pyrolyse reinigen, starken Verkrustungen muss man aber auch schon mal mit einem Rasierklingenschaber zu Leibe rücken. An den breiten, heißen Roststäben backt schnell etwas fest, wenn man sie vor Gebrauch nicht sorgfältig eingeölt hat. Einweichen, insbesondere mit Spülmittel, kann man einen Edelstahlrost, sollte man bei Gusseisen aber tunlichst unterlassen. Ansonsten muss man den Rost extrem sorgfältig wieder einbrennen, damit die Spülmittelreste aus dem porösen Material verschwinden. Das ist übrigens vor der allerersten Verwendung ebenfalls nötig, weil das Öl aus dem Fertigungsprozess ausgebrannt werden muss.

DIE GROSSEN BBQ-TRENDS WERDEN IN DER GASTRONOMIE GEBOREN

**Ein Gastbeitrag
von Ralf Bos**

Noch vor wenigen Jahren waren das Grillen und das Barbecue ein und dasselbe. Mittlerweile wird das Wort Grillen zunehmend für das Garen auf großer Hitze in Form von glühender Holzkohle oder Gas benutzt, während Barbecue eher für das Garen bei niedriger Temperatur oder indirekter Hitze im Smoker oder Kugel- bzw. Australian-Grill steht. Lange Zeit war das Grillen die in unserem Kulturkreis einzig bekannte Art des Outdoor-Cooking. Es gibt zahlreiche Gründe dafür:

Es ist preiswert. Es geht schnell. Es entspricht unserer Tradition, denn die Wurst war schon immer wichtiger als das Filet. Es macht Spaß, mit einem Bier in der Hand neben dem über glühender Kohle zischenden Gargut zu stehen und — mal ganz ehrlich: Eine Wurst oder ein fettes Nackenkotelett vom Grill ist manchmal einfach genau das Richtige.

Es sind jedoch extrem fette Speisen, die die große Hitze des Grills gut vertragen (siehe Seite 27). Da Fett auch ein sehr guter Aromaträger ist, lässt es Lebensmittel, die bei anderen Garmethoden gar nicht so schmackhaft sind, regelrecht aufblühen. Hinzu kommt die Maillardreaktion, die für eine braune Haut oder Kruste sorgt. All dies spricht fürs Grillen als sattmachendes Outdoorevent mit hohem Spaßfaktor. Da die kulinarische Welt jedoch nicht aus Würsten, Speck und Nackenkoteletts besteht, ist das Grillen unter diesem Aspekt eher zu vernachlässigen. Hier schlägt die Stunde des Barbecues.

Kulinarisch wertvolle und gleichzeitig für das Outdoor-Cooking geeignete Lebensmittel können mit der großen Hitze des direkten Grillens nicht viel anfangen. Durch die kurze Garzeit in Verbindung mit den hohen Temperaturen wird hochwertiges Fleisch, wie zum Beispiel die Edelteile vom Rind, zäh und trocken. Hier ist Kochkunst gefragt, und da kommt die Gastronomie ins Spiel.

Noch vor nicht allzu langer Zeit waren Garzeiten und -temperaturen auch in der Gastronomie reine Glückssache oder bestenfalls das Ergebnis vieler Versuche. Was im Gargut vor sich ging, war nicht bekannt. Mit der Entschlüsselung der durch die Temperatur ausgelösten Vorgänge im Gargut entstand durch die wilden, jungen Köche die sogenannte Molekularküche. Die gängige Meinung, dass es sich bei der Molekularküche um Pülverchen handelt, die aus allem ein Schäumchen oder ein „Air" machen, ist zu kurzsichtig. Schließlich haben sich die Molekularköche ungeheure Mühen gemacht, die chemischen Vorgänge bei verschiedenen Gar- oder Verarbeitungsmethoden zu entschlüsseln, zu verstehen und zu rekonstruieren. Es ist ihr Verdienst, dass in der gehobenen Gastronomie heute fast überall perfekt gegartes Fleisch, saftiger Fisch und Geflügel, bei dem das Fleisch vom Knochen rutscht, serviert wird.

OPTIMIERTE GARMETHODEN MITHILFE DER MOLEKULARKÜCHE

Ihre Erkenntnisse ermöglichen es auch jedem ambitionierten Outdoor- oder Hobbykoch, ein perfektes Gericht auf den Gartentisch zu zaubern. Was man dazu braucht, ist auf jeden Fall ein Kugel- oder Australian-Grill oder besser noch ein Smoker mit einem Kamin, in dem man Grillgut parken kann. Außerdem benötigt man ein Kerntemperaturthermometer.

Die chemischen Abläufe kann niemand besser erklären als es mein Freund und Mentor, Thomas Vilgis, in diesem und in vielen anderen Büchern tut und getan hat. In kulinarischer Hinsicht fühle ich mich jedoch berufen und angesprochen.

Hierzu ein kleiner Abstecher nach Amerika. In den Wiesen- und Steppenlandschaften im Norden Amerikas leben riesige Rinderherden unter nahezu perfekten Bedingungen. Zudem ist Nordamerika hoch technisiert. Beides zusammen hat dazu geführt, dass sich das Fleisch dieser Rinder zum wohl besten Massenprodukt der Welt gemausert hat. Aufgrund der permanenten Verfügbarkeit bei gleichzeitig relativ niedrigem Preis wurde Rindfleisch bereits vor hundert Jahren die Proteinquelle Nummer Eins in den USA – und ist es auch heute noch. Jedoch hat sich seitdem nicht nur die Fleischqualität permanent verbessert, sondern auch die Garmethoden sind optimiert worden.

Outdoor-Cooking ist eine Leidenschaft, die in den USA wesentlich exzessiver betrieben wird als hierzulande. Der Hauptunterschied zu uns ist jedoch das Grillgut. Bei uns war es das Schwein, das uns über Jahrzehnte das Grillgut lieferte: Fettes Fleisch und fette Würste, die, wie gesagt, nach großer Hitze schreien. In den USA war Rindfleisch der Star auf dem Barbecue. Ja, Barbecue, nicht Grill. Denn Rindfleisch ist fettärmer und verträgt schon aus diesem Grund die hohen Temperaturen nicht gut. Deswegen sind offene Holzkohle- oder Gasgrills in den USA eher selten zu finden. Grillen ist dort ein Ereignis, das zelebriert wird. Das eigentliche Essen findet in der Regel am Nachmittag statt, damit die ganze Familie daran teilnehmen kann. Die Vorbereitungen beginnen jedoch meist schon am Morgen mit dem Portionieren und Marinieren. Mit dem Portionieren ist nicht das Schneiden von Steaks gemeint. Wir reden hier von großen Teilen, von Roastbeef oder Hochrippe im Ganzen, und auch Marinieren bedeutet hier nicht Einlegen in Würzlake, sondern das Injizieren von würzigen, enzymreichen Flüssigkeiten mittels einer Spritze, tief in das Muskelfleisch.

ZEIT UND TEMPERATUR SIND DIE AUSSCHLAGGEBENDEN FAKTOREN

Das eigentliche Garen beginnt auch meist schon am Vormittag. Je nachdem, für welches Teil man sich entschieden hat, auch schon mal am Abend zuvor. Der Vorteil des gasbetriebenen Kugelgrills ist, dass sich die Temperatur ziemlich genau steuern lässt und man den Grill deshalb auch mal ein paar Stunden alleine seine Arbeit machen lassen kann. Sein Nachteil ist wiederum der Vorteil des Smokers, der traditionell mit Holz beheizt wird. Holz verleiht dem Grillgut den unwiderstehlichen Geschmack von warmem Rauch. Allerdings kann man diesen Rauch mit einem Trick auch im Kugelgrill erzeugen. Hierzu werden Holzstücke in Alufolie eingepackt (siehe Seite 17–18). Das ist zwar nicht dasselbe wie der Rauch aus dicken Buchenholzscheiten, aber trotzdem oft unerwartet gut. Besonders wenn man es schafft, das Alupäckchen so zu platzieren, dass ein wenig offenes Feuer Kontakt zum Päckchen bekommt.

Ausschlaggebend ist bei beiden Techniken jedoch die Kerntemperatur des Fleischs. Da diese 60 °C nicht wesentlich überschreiten soll, ist ein Kerntemperaturthermometer unerlässlich. Das Ergebnis ist ein butterzartes, von Kruste zu Kruste rosa gegartes Stück Fleisch mit betörendem Raucharoma.

Inspiriert von diesen Ergebnissen, von den Erkenntnissen der Molekularköche und von Thomas Vilgis hat es sich in der gehobenen Gastronomie eingebürgert, Fleisch nur noch so zu garen, dass es dem oben beschriebenen Ergebnis möglichst nahe kommt. Das, was den Profi-

köchen hierzu fehlt, ist der Kugelgrill oder der Smoker in der Küche. Zwar gibt es schon einige »Green Egg«-Grills in den Profiküchen und einige der dort eingesetzten Heißlufterde haben eine Räucherfunktion, aber in der Regel konzentriert man sich auf lange Garzeiten bei niedriger Temperatur. Röstaromen werden in der Regel nach dem Garen durch scharfes Nachbraten oder durch den Einsatz von Löt- oder Bunsenbrennern erzeugt.

Sollte jetzt der Einwand kommen, dass man auch schon »früher« zarte Edelteile vom Grill bekommen hat, so kommt mir das gelegen. Denn »früher« gab es immer auch die Kritik, dass Fleisch, das kurz gebraten oder gegrillt sehr zart ist, meist auch sehr fad schmeckt und dass die Fleischstücke, die sehr aromatisch sind, schwer zu kauen sind. Über diesen Streit haben sich zwei Glaubensrichtungen etabliert. Für die einen stand die Textur im Vordergrund und die anderen legten mehr Wert auf den Geschmack.

JE UNEDLER DAS FLEISCHSTÜCK, DESTO LÄNGER DIE GARZEIT

Erst als die jungen Premiumfleisch-Importeure wie Otto Gourmet die Szene betraten und zeigten, dass es neben den Billigproduzenten, die bis dahin den Markt flächendeckend belieferten, auch Anbieter mit ganz anderen Fleischqualitäten gibt, wurden diese Glaubensrichtungen erschüttert. Plötzlich gab es butterzarte und extrem schmackhafte Edelteile für Pfanne und Grill. Es waren aber auch Leute wie Otto Gourmet, die uns beibrachten, dass das Rind außerhalb des Filets, des Roastbeefs und des Entrecôtes noch weitaus schmackhaftere Teile hat, die zwar kurz gebraten echt zäh, aber aufgrund der neuen Techniken für die gehobene Gastronomie und für das Barbecue geradezu prädestiniert sind.

Um es nochmal zu betonen. Zeit und Temperatur sind die ausschlaggebenden Faktoren. Dabei spielt es eine untergeordnete Rolle, ob ein Großteil der Garzeit im Smoker, im Sous-vide-Bad, im Hold-o-mat oder im Backofen stattgefunden hat. Wer ein wirklich umwerfendes Ergebnis erwartet, darf an der Zeit nicht sparen. Je unedler das Teil, desto länger die Garzeit.

Eine genaue Zeitangabe ist unmöglich, weil sie vom Reifegrad des Fleischs und von der Größe des Stücks abhängt, aber mit 1–2 Stunden für Filet und Roastbeef, 4 Stunden für Hochrippe, 6 Stunden für Flat Iron und 10–12 Stunden für Brisket und Tafelspitz sollte man schon rechnen. Mehr ist immer besser. Auch die genaue Gradzahl sollte man den Profis überlassen. Eine Kerntemperatur von 55–60 °C reicht als Faustregel aus.

Jetzt bleibt mir nur noch, Ihnen das Wichtigste zu wünschen: Viel Spaß und guten Appetit.

SICHERHEIT BEIM GRILLEN

Beim Grillen mit Gas sollte man die Sicherheit nicht aus den Augen verlieren. Aufgrund meines Berufs bin ich natürlich auch schon in die eine oder andere brenzlige Situation gekommen. Da hat mir zum Beispiel der Wind den Gasbrenner ausgepustet. Das Gas strömte aber weiter in den Brennraum – dann eine Zündung, und der Deckel flog mir um die Ohren. Deshalb: Beim Zünden immer Deckel auf. Oder – wie im beschriebenen Fall – auch die Türen der Unterschränke öffnen und die Gasflasche zudrehen.

- Propangas ist flüssig in den Gasflaschen gelagert. In gasförmigem Zustand erhöht sich sein Volumen um das 270-fache. Das macht Propangas als effektive Energie so beliebt. Dennoch sollten Sie ein paar Punkte beachten:
- Propangas ist schwerer als Luft. Es darf nicht in Räumen unter Erdgleiche (Keller, Tiefgarage) gelagert werden, da dort das Risiko einer Verpuffung gegeben ist. Die Flaschen immer in gut belüfteten Räumen aufbewahren (Balkon, Terrasse).
- Gasflaschen nicht liegend oder auf dem Kopf stehend verwenden. Es besteht das Risiko der flüssigen Gasentnahme.
- Gasflaschen sind mit einer speziellen Lackierung versehen, die vor Hitze schützt.
- Da Propangas eine Temperatur von -42 °C hat, ist es bis zu dieser Temperatur einsetzbar.
- Propangas ist geruchlos. Erst durch die Odorierung riecht es nach »faulen Eiern«.
- Keine Flaschen mit Metallkragen verwenden. Dies sind Treibgasflaschen, aus denen das Gas flüssig entnommen wird. Ein Verwenden kann zur Beschädigung des Druckreglers führen.
- Überprüfen Sie Ihre Anschlüsse mit Lecksuchspray aus dem Fachhandel vor jedem Grillen auf »Gasdichtigkeit«. Direkte Blasenbildung weist auf undichte Stellen hin. Beheben Sie diese sofort.
- Prüfen Sie regelmäßig Gasschlauch und Gasdruckregler auf eine ordentliche Beschaffenheit. Poröse Schläuche (bevorzugt an den Enden) lieber austauschen.
- Verwenden Sie ausschließlich vom DVGW zertifizierte Gasdruckregler und Schläuche. Achten Sie beim Kauf eines Schlauchs darauf, dass dieser nicht entflammbar ist.
- Nur für den Grill zugelassene Flaschen in den Grillunterschrank stellen. Meist besteht die Vorschrift, nur bis zu 8-kg-Flaschen im Unterschrank zu nutzen.

Es empfiehlt sich, das technische Gerät vor jedem Grillvorgang zu kontrollieren.

(Die Infos habe ich mit der freundlichen Unterstützung von Sascha Busch – gasprofi24.de zusammengestellt.)

DIREKT ODER INDIREKT GRILLEN?

Beim direkten Grillen wird das Grillgut direkt über der Hitzequelle – glühende Holzkohle, Gasbrenner oder Elektrogrill – gegart. Austretende Fleischsäfte tropfen auf die Hitzequelle und erzeugen reichlich Rauch. Da man das Grillgut ständig im Auge haben sollte, ist es ein sehr unentspanntes Grillen.

Das indirekte Grillen ist für mich die clevere Art des Grillens, alles andere betrachte ich als Brutzeln. Beim indirekten Grillen wird das Grillgut neben der Hitzequelle platziert. Das heißt, beim Gasgrill entzünde ich die Brenner so, dass unter einem Teil des Rosts keine Flamme ist, und beim Holzkohlegrill platziere ich die Holzkohle so, dass sich auf einem Streifen unter dem Rost keine Holzkohle befindet. Der Grill sollte einen Deckel oder eine Haube haben, denn nur so entsteht der gewünschte Backofeneffekt.

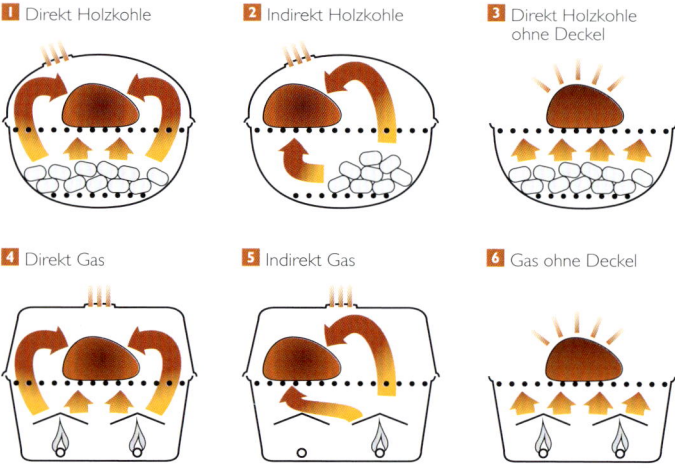

1 Direkt Holzkohle **2** Indirekt Holzkohle **3** Direkt Holzkohle ohne Deckel

4 Direkt Gas **5** Indirekt Gas **6** Gas ohne Deckel

Auf diese Art wird der Grill zur Außenküche. Solch ein geschlossenes Grillsystem ermöglicht das Backen, Braten, Kochen, Räuchern, Grillen und auch Dörren. Die Temperaturzone lässt sich bei guten Geräten von 50–400 °C steuern. Größere Fleischstücke, Vegetarisches, Kuchen – nahezu alles, was im Backofen zubereitet wird, kann man auf so einem Grill machen – und noch viel mehr. Zudem muss das Grillgut nicht ständig gewendet werden und man benötigt weniger Kohle oder Gas. Wer beim indirekten Grillen das typische Grillaroma vermisst, kann Fett oder Fleischabschnitte über die Hitzequelle legen. Herabtropfendes Fett und Fleischsäfte sorgen für den typischen Geschmack (siehe Seite 16–17). Die Rezepte in diesem Buch grille ich INDIREKT, es sei denn, ich weise ausdrücklich auf eine andere Zubereitungsart hin.

GRILLAROMEN UND DIE MAILLARDREAKTION

Durch die Maillardreaktion bekommt Fleisch oder Vegetarisches vom Grill braune Röstaromen. Sie macht den Unterschied zu anderen Garmethoden, bei denen Wasser das Hauptkochmedium ist. Beim Fleisch setzt die Maillardreaktion ein, nachdem in seinen Randzonen das Wasser verdampft ist – egal ob es auf dem Grill oder in der Pfanne zubereitet wird. Man sieht das gut beim Anbraten von Gulasch. Erst verliert das Gargut in den Randbereichen Wasser, welches verdampft, und danach werden die Fleischstücke braun.

Die bei der Maillardreaktion entstehenden Röstaromen entwickeln sich bei Temperaturen ab 100 °C, aber die eigentliche Bräunungsreaktion setzt erst ab einer Kontakttemperatur von 140 °C ein. Ziel des versierten Grillers ist es, dass die Maillardreaktion bei hohen Temperaturen schnell abläuft, sodass sich zügig eine braune Kruste bildet, ohne dass das Fleisch darunter übergart. Was heißt das in der Praxis? Zuerst sollte man das Fleisch vor dem Grillen trocken tupfen. Dann benötigt man – egal ob das Steak vorwärts oder rückwärts gegrillt wird – für kurze Zeit sehr hohe Temperaturen. Entweder ich schüre meine Holzkohleglut, bis sie rot glüht, oder ich nutze einen Infrarotseitenbrenner (Sizzle Zone). Auch die Zugabe von Zucker/Maltodextrin (siehe Seite 138) oder die Erhöhung des pH-Werts beschleunigen die Reaktion.

Jedoch erfordern diese hohen Temperaturen Umsicht. Jeder Griller weiß: Nach Braun kommt ganz schnell Schwarz. Dafür gibt es in erster Linie zwei Gründe. Erstens: Je brauner bzw. dunkler ein Stoff wird, desto mehr Strahlungs-/Infrarothitze nimmt er auf und wird noch schneller braun. Bestes Beispiel ist das Toastbrot im Toaster: Es dauert ein Weilchen, bis es braun wird, aber dann ist es schnell verbrannt. Der zweite Grund: Ab Kontakttemperaturen über 200 °C setzt die Pyrolyse ein, und das Grillgut verwandelt sich nach einer gewissen Zeit buchstäblich in Kohle.

GUTES SCHWARZ UND SCHLECHTES SCHWARZ

Beim BBQ und Grillen kommt es öfter vor, dass Gargut schwarz wird. Die beabsichtigte Rauchaufnahme beim Smoken, bei der sich der Rauch auf das Fleisch legt, ist das gewünschte, gute Schwarz. Das schlechte Schwarz, die olfaktorisch und optisch sehr ausgeprägte Maillardraktion, gleicht einer Katastrophe. Dabei entsteht neben anderen Stoffen Acrylamid. Tierversuche an Ratten, zeigten, dass Acrylamid die DNS verändert und das Wachstum von Krebszellen fördert.

Damit Ihnen – und mir – die Lust am Grillen nicht vergeht, habe ich mir Gedanken dazu gemacht: Seit der Mensch mithilfe des Feuers Essen zubereitet, verzehrt er Acrylamide, die vor allem aus den Aminosäuren pflanzlicher Proteine entstehen. Vielleicht hat sich unser Organismus im Lauf seiner Entwicklung daran gewöhnt, und wir verarbeiten gewisse Mengen Acrylamid ohne gesundheitsschädliche Wirkung. Ich möchte damit nicht sagen, dass die Stoffe harmlos sind, aber ich denke, es ist wie so oft in der Ernährung: »Die Dosis macht das Gift.«

DER RÄUCHERBEUTEL

Um auf einem Holzkohle- oder Gasgrill bequem räuchern zu können, bieten viele Grillhersteller Zubehör wie Smoking Pipes oder Smoking Boxen an. Die einfachste Art jedoch, auch über einen längeren Zeitraum zu smoken, ohne viel Geld für Zubehör auszugeben, sind selbst gebastelte Räucherbeutel aus Alufolie. Die meisten Hersteller haben auch Räucherchips aus verschiedenen Hölzern im Angebot.

Anleitung für einen Räucherbeutel, Räucherdauer 1–2 Stunden

- Zu dem Gargut passende Holzchips besorgen.
- Den Grill auf indirekte Hitze vorheizen.
- Etwa 1 m Alufolie zweimal in der Mitte falten. Zwei der drei offenen Seiten durch Falten verschließen.
- 300 g Holzchips in die entstandene Tüte füllen.
- Die offene Seite verschließen und mit einer Gabel Löcher in eine Seite des Beutels stechen, sodass Rauch entweichen kann.
- Den Beutel an die Glut oder direkt auf die Abdeckbleche des Gasbrenners legen.
- Den Deckel schließen. Sobald Rauch entsteht, Grillgut auflegen.

Meist wird geraten, die Holzchips vorher einzuweichen. Meiner Meinung nach verlangsamt dies aber den Prozess. Der weiße Nebel, der zuerst aufsteigt, ist Wasserdampf. Erst danach beginnt das Holz zu kokeln und entwickelt den blauen Rauch zum Räuchern.

Die Chips zu wässern ist sinnvoll, wenn man den Rauchprozess verzögern will: Man fülle Holzchips in eine Aluschale und bedecke sie mit Wasser. So kann ich in zwei Stufen räuchern: Zuerst arbeite ich mit trockenen Chips und in der zweiten Stufe setzen die zuvor feuchten Chips ein. Nach einigem Testen mit der Wasser- und Chipsmenge sowie der Temperatur kann das System für längere Räuchergänge hilfreich sein. Für kürzeres Räuchern von 30 Minuten nutze ich gerne eine Smoking Pipe, die ich mit Spänen fülle und direkt auf den Gasbrenner lege.

RÄUCHERN MIT TEE

Aus China kommt der Brauch, Lebensmittel mit Teerauch zu konservieren und zu aromatisieren. Der Geschmack ist einzigartig und unterscheidet sich immens vom Räuchern mit Holz. Einfach einen Teerauchbeutel aus folgenden Zutaten zubereiten und auf dem Grill platzieren:

4 EL Tee, gehackt oder Blätter
3 EL brauner Zucker (gibt karamellartige Aromen)
3 EL Reis
Schale von ½ Orange (die weiße Innenhaut komplett entfernen)
8 Sternanis
3 Zimtstangen

Thomas Vilgis

GRILLDÜFTE UND CHEMIE

Warum duftet Gegrilltes so appetitlich nach Karamell, nach leicht Verbranntem und dennoch röstig-süßlich? Manchmal nach »Kohle«? Immer leicht rauchig, hin und wieder aromatisch nach Teer. Und nach gekochten Kartoffeln oder Popcorn? Gleichzeitig aber ganz im Hintergrund tief fruchtig?

Was wir an Gegrilltem so lieben, ist die Folge einer Vielzahl von chemischen Reaktionen. Die Maillardreaktion spielt die Hauptrolle, aber auch andere Vorgänge arbeiten bei Duft und Geschmack kräftig mit. Tatsächlich haben die beim Grillen, Braten oder Backen entstehenden Aromastoffe einen gemeinsamen Ursprung: die Zusammensetzung der Lebensmittel. Diese bestehen größtenteils aus Wasser, aber auch aus Proteinen, Kohlenhydraten (Zuckern) und Fett. Deren Verhältnis zueinander bestimmt die meisten Koch- und Brateigenschaften, aber auch die Aromen, die beim Erhitzen unter hoher Temperatur entstehen. Wasser spielt dabei nur eine sekundäre Rolle. Solange Wasser vorhanden ist und verdampft, kann die Temperatur nicht weit über 100 °C steigen. Folglich bestimmen also Proteine, Zucker und Fette, den Röstduft. Geröstet wird allerdings nur an der Oberfläche.

Fleischige Aromen

Fisch und Fleisch enthalten reichlich Proteine. Ein Großteil davon liegt als Muskelfleisch vor. Für die Maillardreaktion sind aber Zuckerstoffe notwendig. Nach dem Schlachten und dem Reifen ist das tierische Kohlenhydrat Glykogen zwar weitgehend abgebaut, dennoch enthalten die die Muskelzellen umhüllenden Zellmembranen reichlich Glykoproteine. Diese tragen immer Zuckerketten, die in die wasserreiche »Außenseite« der Zellen ragen. Diese Zuckerteile reagieren mit Aminosäuren zu Grill- und Brataromen. So bilden sich auch schwefelhaltige, heterozyklische Aromastoffe, die für

einen Großteil der typisch fleischigen Grillaromen verantwortlich sind – aufgrund ihrer geringen Wahrnehmungsschwelle und ihres hohen Dampfdrucks genügen geringste Konzentrationen. Daher reicht es häufig, Fleisch nur an wenigen Stellen stark anzurösten, damit es einen »gegrillten« Charakter bekommt.

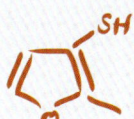 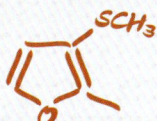 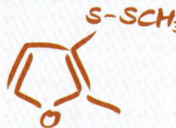

Typische fleischige Aromen, die beim Grillen von Fleisch entstehen. Diese Moleküle definieren den Grundcharakter des Dufts von gegrilltem Fleisch.

Bei stark ausgeprägtem Gargradienten, wenn die leicht gräuliche Fleischschicht unterhalb der stark gerösteten Oberfläche quasi im eigenen Saft gegart ist, bringen ebenfalls Schwefelverbindungen typische Aromen hervor. Dadurch kommen vor allem die Unterschiede der verschiedenen Fleischsorten und Tierrassen zum Ausdruck.

 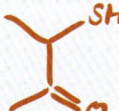 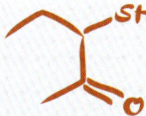

Auch »blutige« Aromen schlagen durch, wenn das Fleisch im Kern noch »roh« ist und dessen Kerntemperatur beim Rind 52–54 °C, beim Schwein 54–56 °C oder bei Geflügel 60–62 °C nicht übersteigt.

Röstaromen und Fett

Proteine und Zucker sind nicht die einzigen Aromenlieferanten. Die Rolle des Fetts ist nicht zu vernachlässigen. Egal ob Olivenöl, Sonnenblumenöl, Schweineschmalz, Rindertalg, Kokosfett oder reine Kakaobutter – das Fett, in dem gebraten wird, bestimmt einen Teil des Dufts aufgrund seiner Reaktionsprodukte bei hohen Temperaturen. Das Geheimnis liegt in den Fettsäuren. Alle Nahrungsfette bestehen aus Glyzerin, dem zentralen Molekül, das drei Fettsäuren trägt. Diese Fettsäuren sind Kohlenwasserstoffe, ihre Molekülkette besteht lediglich aus Kohlenstoff und Wasserstoff. Allerdings wirkt sich ihre Art, ob gesättigt, ungesättigt oder mehrfach ungesättigt bei der Aromabildung aus.

Somit lässt sich auf dem Grill die Aromabildung steuern, etwa durch Bepinseln des Grillguts mit unterschiedlichen Ölen und Fetten. Auch das Marinieren oder Lagern in Fetten gibt dem Endprodukt den Hauch einer anderen Richtung. Die gezielte Kenntnis dieser Fakten gehört durchaus zum »advanced spicing«. So entstehen typische Lammnoten nicht nur durch die Maillardprodukte aus Aminosäuren, sondern auch durch Reaktionsprodukte aus den gesättigten Fettsäuren des Lammfetts. Charakteristisch sind vor allem die Methyloctansäure und Methylnonansäure.

So wundert es nicht, dass sich letztlich Tierhaltung und Fütterung auf das Aroma des Grillguts durchschlagen: Je nach Futter und Haltung wurde der Rückenmuskel einer Lämmerrasse gegrillt. Die Tiere fraßen etwa Leinsamen oder Algen, sodass im Wachstum unterschiedliche Fette in das Muskelgewebe eingebaut wurden. Die unterschiedlichen Fettreaktionsprodukte während des Grillens der Lammrücken lassen sich nachweisen und wirken sich auf das Aromaspektrum aus.

Dies ist eine gute Nachricht: Die Herkunft der Tiere ist für den späteren Fleischgenuss vom Grill von großer Bedeutung. Das Fleisch von Lämmern, die saftiges Gras fressen, schmeckt besser. Dabei ist es ist nicht nur das vielleicht gute Gewissen, das mundet – das lässt sich kaum messen. Das Duftspektrum, die sensorischen Qualitäten und die Aromaverbindungen aber wohl.

GLUTAMAT – NATÜRLICH VIEL GESCHMACK

Bei meinen Seminaren kommt das Gespräch unweigerlich auf das Thema Glutamat oder Geschmacksverstärker. Spätestens dann, wenn Seminarteilnehmer prüfend Zutaten wie Chips, BBQ-Sauce und Gewürzmischungen unter die Lupe nehmen und nach E 620 bis E 635, E 640 und E 650 suchen. Solche Nummern benennen die Zusatzstoffe im Zutatenverzeichnis, die eine Art Glutamat enthalten. Auch Hefeextrakt hat sich als »Geschmacksverstärker« rumgesprochen.

Ich veranstalte dann gerne ein Quiz: Ich bitte die Teilnehmer, mir diejenigen Lebensmittel auf dem Zutatentisch zu nennen, die am meisten Glutamat enthalten. Die Antworten lauten stets: Chips, BBQ-Sauce und Ähnliches. Sobald ich aufkläre, dass Parmesan, Algen, getrocknete Tomaten, Pilze und selbst gezogener Kinderfond natürliche Glutamatbomben sind, werden die Augen groß. Und spätestens wenn ich erzähle, dass sogar Muttermilch reichlich Glutamat enthält, kommen nahezu alle ins Grübeln. Ihnen wird bewusst, dass sie jeden Tag Glutamat verzehren, obwohl sie darauf achten, es nicht zu tun.

Auf unserer Zunge befinden sich – neben anderen – Rezeptoren für den typischen Glutamat- sprich Umami-Geschmack. Sie signalisieren uns seit Urzeiten, dass wir gerade lebenswichtiges Eiweiß zu uns nehmen. Alle eiweißhaltigen Lebensmittel – egal ob Hülsenfrüchte oder

Fleisch – enthalten reichlich Aminosäuren, darunter auch Glutaminsäure. Mein Fazit: Mutter Natur hat uns Rezeptoren gegeben, um Glutamat, das Salz der Glutaminsäure, zu schmecken. Es kommt in den meisten Lebensmitteln vor, und wir haben gelernt, es durch Garen, Reifung und Fermentation freizusetzen – also kann das Ganze nicht so schädlich sein. Wer bewusst mit glutamatreichen Lebensmitteln umgeht, selbst kocht und weitgehend auf industriell hergestellte Fertigprodukte, denen synthetisches Glutamat zugesetzt wurde, verzichtet, braucht sich um seinen Glutamathaushalt im Körper keine Sorgen zu machen.

HEFE UND TOMATEN ALS GESCHMACKSVERSTÄRKER

Auch Hefe enthält Glutaminsäure. Entzieht man dem Hefepilz seinen typischen Hefegeschmack, bleibt der vollmundige Umami-Geschmack übrig und fertig ist ein Extrakt, der nicht als Geschmacksverstärker mit E-Nummer deklariert werden muss. Das in Großbritannien als Brotaufstrich sehr populäre *marmite* ist auf der Basis von Hefeextrakt hergestellt. Das Würzen mit Tomatenserum, einem Konzentrat aus vollreifen Tomaten, ist ein weiterer Weg, den Umami-Geschmack eines Gerichts aufzupeppen.

Thomas Vilgis

GLUTAMAT UND UMAMI: WARUM DER BEGRIFF GESCHMACKSVERSTÄRKER IM GRUNDE FALSCH IST

Glutamat ist ein weißes Pulver, das bei vielen Menschen die Alarmglocken schrillen lässt. Der Geschmacksverstärker – wie auch Hefeextrakt – gaukelt Geschmack vor, der gar nicht vorhanden sei, lautet der Vorwurf von Journalisten, Verbraucherschützern, Hobby- und Profiköchen gleichermaßen. Glutamat schädige die Gesundheit und erzeuge Allergien. Kann das sein? Vor allem dann, wenn Glutamat, was lediglich das Salz der Glutaminsäure ist, praktisch in jedem Protein, auch in den körpereigenen, in rauen Mengen vorkommt. Die interdisziplinäre Fachwelt wundert sich. Doch langsam und der Reihe nach.

Der Mensch hat fünf eindeutig identifizierte Basis-Geschmacksrichtungen: süß, salzig, sauer, bitter – und umami. Die ersten vier sind – ebenso wie ihre dazugehörigen Würzmittel Zucker, Salz, Essig und Zitronensaft – wohlbekannt. Die Prise Zucker beim Rösten, etwas Salz oder Zitronensaft zur Abrundung des Desserts sind willkommen. Selbst Bitterstoffe in Bier, Campari oder Kaffee werden kritiklos, ja begeistert akzeptiert. Nur beim Würzen für Umami, jenem herzhaften Geschmack, den die Glutaminsäure auslöst, bleibt die Stimmung im Keller.

Umami, der Überbegriff für herzhaft, wohlschmeckend fleischig, wird durch Lebensmittel, die reich an Glutaminsäure sind, ausgelöst. Der pure Umami-Geschmack lässt sich durch eine kleine Prise Glutamat auf der Zunge klar erkennen. Wie salzig durch Kochsalz, wie süß durch Zucker. Mehr ist es nicht. Aber auch nicht weniger. Denn erst das Spiel auf der Geschmacksklaviatur rundet jedes Essen ab. Wir setzen freie Glutaminsäure häufig gezielt zum Würzen ein: Parmesan für Pastafans, Pilze, reife Tomaten, Zwiebeln oder die Sojasauce beim Sushi.

Verarbeitungsprozesse wie Reifen, Fermentieren und langes Kochen verstärken den Umami-Geschmack, denn sie spalten die lebensmitteleigenen Proteine auf und setzen die Glutaminsäure frei. Selbst Fonds, Brühen, Glaces und Saucen aus hochwertigen Zutaten vom Biobauern, die stundenlang gekocht und reduziert wurden, enthalten freie Glutaminsäure.

Bei fermentierten Saucen wie Sojasauce, Fischsauce oder Grillsauce auf Tomaten- und Pilzbasis, spielen umami und kokumi (beschreibt den vollmundigen Geschmack von Lebensmitteln) eine große Rolle.

In Kombination mit den Geschmacksrichtungen süß und salzig werden sie eingesetzt, um mit den starken Grillaromen zu konkurrieren. Gibt es also gute, da natürliche – und schlechte, da synthetische – Glutaminsäure? Die Diskussion um natürlich oder künstlich ist schlicht irreführend. Für die Funktion eines Stoffs beim Kochen und Würzen, und dessen Wirkung im Organismus, ist es unerheblich, wie er hergestellt wird, da seine Moleküle und deren Molekularstruktur identisch sind.

Die Umami- und die Salzrezeptoren im Mund werden angeregt

Das weiße Pulver Natriumglutamat besteht aus zwei Teilen: dem Glutaminsäure- und einem Natriumion. Durch diesen Umstand wurde das Glutamat zum »Geschmacksverstärker«. Denn das Salz regt nicht nur mit seinem Glutaminsäureteil die Umami-, sondern mit dem Natriumion auch die Salzrezeptoren im Mund an. Glutamat wirkt daher herzhaft und leicht salzig und wird eher im Hintergrund wahrgenommen.

Natürliche Glutaminsäure (links) und deren Salz Mononatriumglutamat (rechts), das auch im Labor hergestellt werden kann: Egal ob natürlich oder synthetisch – das umami-geschmacksgebende Molekül ist identisch.

Warum aber ist Glutamat in der asiatischen Küche so weit verbreitet? Das liegt an den kurzen Garzeiten im Wok, bei denen nur wenig natürliche Glutaminsäure aus den Proteinen der Lebensmittel freigesetzt wird. Der Umami-Geschmack kann sich so nicht über den Kochprozess entfalten. Wohldosiert eingesetzt sind Sojasauce, Hefeextrakte und andere Proteinhydrolysate spannende Würzmittel. Selbst eine Prise Glutamat aus der Tüte erfüllt die gleiche Aufgabe wie die Prise raffiniertes Salz oder Zucker oder der Spritzer Zitronensaft.

Man darf sich zu guter Letzt auch nicht durch pseudowissenschaftliche Äußerungen aufs Glatteis führen lassen: Die Wirkung des Glutamats ist über eine ureigene Geschmacksrichtung definiert. Der Begriff Geschmacksverstärker ist daher nicht korrekt. Glutamat ersetzt weder den Kochprozess noch das gezielte Würzen oder Verfeinern mit Kräutern. Umami – und das Wissen darum – ermöglicht aber wundersame, wenngleich individuelle Zusatzreize der Umamirezeptoren auf der Zunge und eröffnet somit ganz neue Wege der Kochkunst, die bisher nur intuitiv eingeschlagen wurden.

Thomas Vilgis

SALZEN: RELIGION UND FAKTEN

Wann wird das Fleisch gesalzen, vor oder nach dem Grillen? Unzählige Diskussionen finden sich dazu, teilweise religionsartig geführt. Aus physikalischer Sicht sind die Alternativen klar: entweder längere Zeit vorher kräftig oder hinterher nach Geschmack salzen. Kochsalz, Natriumchlorid (NaCl), ist im festen Zustand ein Kristall, der sich in Wasser auflöst. Das heißt, es lösen sich nach und nach positiv geladene Natriumionen und negativ geladene Chloridionen, die sich dann unabhängig voneinander im Wasser bewegen können. Diese »Freiheit der Bewegung« (Entropie) und die elektrische Ladung sorgen zum einen für den gewünschten angenehm salzigen Geschmack, aber auch für allerlei physikalische Effekte.

Innerhalb weniger Minuten setzen beim Salzen von Fleisch die Ionenprozesse ein: »Salz zieht Wasser« aus dem Fleisch. Zunächst ist dies auf die Osmose zurückzuführen. Außerhalb der Muskelzellen ist die Salzkonzentration hoch, innerhalb kleiner. Da Salz nicht in die Zellen dringen kann – die Ionen sind mit dem sie umhüllenden Wasser viel zu groß –, wird versucht, die Salzkonzentration außen zu erniedrigen: Wasser dringt nach außen. Bei höheren Temperaturen, beispielsweise in einer Pfanne, wird der Prozess beschleunigt. Muskelzellen platzen, Wasser dringt nach außen und verdampft. Das wiederum verlangsamt die Bräunungsreaktion, und das Fleisch kocht eher an der Oberfläche.

Wird hingegen eine Stunde zuvor gesalzen, nimmt die Geschichte richtig Fahrt auf. Zunächst entzieht das Salz dem Fleisch an den zugänglichen Stellen ebenfalls das Wasser. Die elektrischen Ladungen treten jetzt aber mit den Proteinen in »Wechselwirkung«, denn diese enthalten auch positiv und negativ geladene Aminosäuren. Positiv geladene Natriumionen scharen sich eher um negativ geladene Aminosäuren (Glutaminsäure, Asparaginsäure), Chloridionen eher um positiv geladene Aminosäuren (Lysin, Arginin, Histidin) und schirmen deren Ladungen (bei entsprechendem pH-Wert) ab. Die Wechselwirkung zwischen den Proteinen wird daher schwächer. Fasern lockern sich. Salz dringt tiefer ins Fleisch. Und nimmt dabei seine Wasserhüllen mit. In den gelockerten Proteinteilen hat »mehr Wasser Platz«. Schon wird der Wasserverlust über die Osmose in den Zellen teilweise ausgeglichen. Das Fleisch wird in tieferen Schichten gesalzen und durch die Ionen befeuchtet.

Thomas Vilgis

DIE PROTEIN-DENATURIERUNG

Vor allem drei Muskelproteintypen sind für ein gezieltes Garen entscheidend: Myosin, Kollagen und Aktin. Und natürlich Myoglobin, das »Farbstoffprotein«. Schließlich bestimmen – neben dem Fettgehalt – die Muskelproteine und deren Mengenverhältnis zueinander die Konsistenz des Fleischs.

Wichtig sind die Denaturierungstemperaturen der Proteine: Myosin denaturiert bei relativ niedrigen Temperaturen, abhängig vom Reifegrad, pH-Wert und Schlachtalter. In dieser »reinen Myosingarung«, bei Rindfleisch beginnt sie bei etwa 48–52 °C, bleiben die anderen Proteinbestandteile, Kollagen und Aktin, »roh«. Auch verliert das Fleisch kaum Wasser und behält seinen rohen Charakter hinsichtlich Biss und Farbe, bekommt aber eine weichere gelartige Struktur. Diese Garstufe spielt daher bei Muskelfleisch kaum eine Rolle. Ab 58 °C beginnt das Kollagen, also das Bindegewebe, zu denaturieren. Das Grundelement der Kollagenfasern sind drei verschiedene drahtseilartig miteinander verdrehte Proteinstränge. Die Fasern sind im Vergleich zu Myosin stabiler, was die höhere Denaturierungstempera-tur erklärt. Zudem benötigen die langen »molekularen Drahtseile« mehr Zeit, um aufgewunden zu werden, erst dann wird das Bindegewebe im Fleisch weich und saftig. Das Kollagen wurde zu Gelatine, die Wasser binden kann. Ein schönes Beispiel dazu sind die sous-vide gegarten Spareribs von Seite 47. Wird das Fleisch samt Knochen bei 60 °C sous-vide gegart, entwinden sich die Kollagenfasern komplett und die Knochen lassen sich aus dem Fleisch schieben.

Als letztes der drei Muskelproteine denaturiert Aktin bei Temperaturen über 70 °C, was sich bei einem hohen Verlust der Wasserbindung zeigt. Das Fleisch wird trocken und sehr faserig.

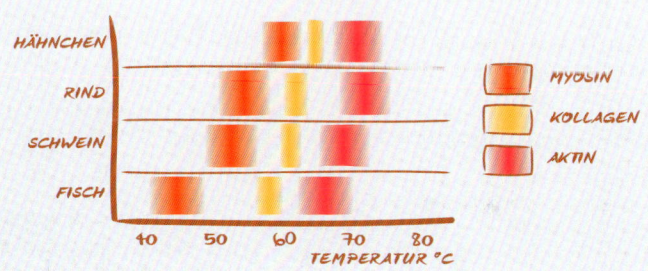

Zusammenfassung der Garbereiche für die drei wichtigsten Strukturproteine (Myosin, Kollagen, Aktin) beim Fleischgaren.

DIE FLEISCHREIFUNG

DAS WET AGING

Frisch geschlachtetes Fleisch ist keinesfalls zart oder geschmackvoll. Um diese Attribute hinzuzufügen, muss es gereift werden. Während der Fleischreifung verwandeln Enzyme das Produkt in aromatische und nach dem Garen auch zarte Stücke. Am gebräuchlichsten ist das so-genannte Wet Aging, das Nassreifen: Das Fleisch – vorwiegend vom Rind – wird nach dem Schlachten zerteilt, vakuumiert und gelagert, sodass fleisch-eigene Milchsäure- bakterien das Fleisch unter Luftabschluss reifen.

Der Vorteil dieses Verfahrens liegt in der kurzen Reifezeit und dem ge-ringen Gewichtsverlust durch Wasseraustritt. Von Nachteil ist ein wenig aromatischer sowie säuerlicher, metallischer Geschmack im Fleisch. Klassische Beispiele dafür sind meines Erachtens magere Fleischstücke aus Südamerika. Ich vermute, dass ein Großteil der süd-amerikanischen Exporteure vorwiegend Fleisch magerer Tiere nach Europa schickt, um dem Verlangen der figurbewussten Verbraucher nach fettarmem Fleisch hierzulande Genüge zu tun. Im Vergleich dazu sind Importe aus Nordamerika von Wet-Age-Fleisch geschmacklich hervorragend, da das intramuskulär eingelagerte, aromatische Fett die unangenehmen Geschmacksnoten des Magerfleischs überdeckt.

Geradezu darauf gestoßen haben mich Seminarteilnehmer, die mich baten, ihr Fleisch durchzubraten. Als ich fragte, warum ich dies tun und damit ihr Fleisch ruinieren solle, lautete die Antwort: »Ich mag den metallischen Geschmack nicht. Er verschwindet beim Durchbraten.« Im weiteren Gespräch stellte sich heraus, dass sie meist mageres Fleisch aus Südamerika verzehren. Also bot ich medium gegartes Fleisch einer gut durchwachsenen deutschen Färse zum Verkosten an – und über-zeugte auch die Skeptiker, dass dies sowohl hinsichtlich Gargrad als auch Fleisch die bessere Wahl ist.

DAS DRY AGING

Das ursprünglichste und bis Mitte der 1960er-Jahre gängigste Reife-verfahren ist das Trockenreifen, auch Abhängen oder Dry Aging genannt. Das Fleisch wird bei festgelegten Temperaturen und einer bestimmten Luftfeuchtigkeit abgehangen. Konträre Meinungen gibt es bezüglich der Dauer des Abhängens. Ab einem bestimmten Zeit-punkt, nach etwa 21 Tagen, ist das Fleisch optimal zart. Bei längerem Reifen wird es zwar aromatischer, aber durch weiteren Wasserverlust wieder fester. Alter und Größe des Tiers spielen dabei eine Rolle. Da das Trockenreifen zeitaufwendiger ist, das Fleisch während der Reifung Wasser verliert, und man vor der Zubereitung ausgetrocknete

Schichten entfernen muss, kann der Preis um das 1,5-fache über dem von Wet-Age-Fleisch liegen. Die professionelle Trockenreifung kann aber den Geschmack um einiges verbessern. Durch den langsamen und gleichmäßigen Wasseraustritt konzentrieren sich die Aromen, die von leicht süßlich bis hin zu angenehmen Nuss- und Käsenoten bei längerer Reifung gehen. Bei der Reifung, insbesondere durch das Frei-setzen der Glutaminsäure, erhält das Fleisch den begehrten Umami-Geschmack, der sich durch die Maillardreaktion beim Grillen zusätzlich intensiviert.

Beim Dry-Age-Verfahren kann man das Fleisch auch in einem Mem-branreifebeutel reifen. Dieser Beutel bestehen aus einem semiperme-ablen Material, das wasserdampfdurchlässig ist, aber vor negativen äußeren Einflüssen wie Bakterien, Luft (nicht Sauerstoff) und Fremd-gerüchen schützt. In diesem Beutel kann das Fleisch in jedem No-Frost-Kühlschrank bei 2–4 °C reifen. Alle Vorzüge des Dry Agings in der Reifekammer, insbesondere die einzigartige Geschmacksentwick-lung, bleiben erhalten. Es handelt sich hier, wie beim traditionellen Dry Aging, um eine aerobe Reifung. Wer mehr über dieses Thema lesen möchte, dem empfehle ich die Website www.55grad.biz.

WEITERE REIFEMETHODEN

Auch in Rinderfett kann Fleisch reifen. Dabei wird schlachtfrisches Fleisch in körpereigenem ausgelassenem Rinderfett gelagert. Dieses Verfahren ist fast in Vergessenheit geraten. Weitere Möglichkeiten der Fleischreifung sind das Explosionsverfahren, die Schimmelreifung und das Aqua Aging.

Beim Explosionsverfahren sprengten US-Forscher Fleisch mithilfe von Schockwellen. Eine Zerstörung von Muskelfasern und das Absterben von Bakterien war die Folge. Dass sich dieses Verfahren durchsetzt, ist wohl eher zu bezweifeln. Bei der Schimmelreifung wird das Fleisch mit Schimmelkulturen geimpft, um einen noch intensiveren, nussigeren Geschmack und absolute Zartheit zu erreichen. Das Aqua Aging ist eine Methode, bei der das Fleisch mehrere Wochen in Mineralwasser gelegt wird. Hier spielen die Mineralstoffe im Wasser eine bedeu-tende Rolle.

Auch Projekte, Schweinerücken nach dem Dry-Age-Verfahren zu reifen, haben geschmacklich hocharomatische Stücke hervorgebracht. Federführend möchte ich an dieser Stelle die Fleischerei Brath aus Karlsruhe nennen, die unter dem Namen »Alte Wutz« trocken gereif-ten Schweinerücken vom Schwäbisch Hällischen Landschwein anbietet.

KÜHLEN UND AUFTAUEN

Das Kühlen und Tiefkühlen von Lebensmitteln sind heutzutage wohl die gängigsten Methoden der Haltbarmachung. Das Kühlen verlangsamt das Bakterienwachstum, optimiert Herstellungsprozesse und macht saisonale Ware das ganze Jahr über verfügbar. Tiefkühlen stoppt das Bakterienwachstum nahezu und unterbindet weitere Reaktionen auf Wasserbasis im Lebensmittel. Auch Fleisch kann am perfekten Reifepunkt schockgefrostet und so über längere Zeit gelagert werden. Aber keines der beiden Verfahren stoppt die Reaktion von Fetten mit Sauerstoff, sodass tiefgekühlte Artikel nach einer gewissen Zeit ranzig oder überlagert schmecken können. Vakuumieren ist hilfreich, unterbindet den Prozess aber nicht.

RICHTIG ABKÜHLEN

Oft wird dem kontrollierten Abkühlen von Lebensmitteln zu wenig Bedeutung beigemessen. Wenn alles komplett verspeist wird, muss man sich darüber auch keine Gedanken machen. Lebensmittel, die noch einmal aufgewärmt werden, sollten aber so schnell wie möglich auf unter 10 °C abgekühlt werden, da sich Bakterien, die für unsere Gesundheit und für die Haltbarkeit von Lebensmitteln schädlich sind, in der Temperaturzone von 10–50 °C rasch vermehren. Wenn es also sehr lange dauert, diese Zone beim Abkühlen zu überbrücken, kann das Lebensmittel verderben oder später beim Erwärmen zu einem Tummelplatz für Bakterien werden. Durch schnelles Abkühlen verdicken sich auch die Säfte im Fleisch rascher, und das Fleisch bleibt saftig.

Eine bewährte Methode ist, die in Folie verpackten Lebensmittel in ein Eiswasserbad zu geben, da Wasser Wärme besser ableitet als Luft. Bei sous-vide gegarten Lebensmitteln ist das kein Problem, da sie sich in einem Kochbeutel befinden. Für andere Fleischstücke empfehle ich, sie in einen Ziploc-Beutel zu stecken, die Luft wie auf Seite 28 beschrieben zu entfernen und den Beutel in ein Wasserbad zu legen. Man sollte beachten, dass ein Lebensmittel zum Abkühlen die gleiche Zeit benötigt wie zum Aufwärmen. Um den Prozess des Abkühlens im Eiswasserbad zu beschleunigen, empfehle ich den Zusatz von Salz im Eiswasser, welches den Gefrierpunkt herabsetzt. So konnte ich eine 20-prozentige Salzlake mithilfe von Eis bis auf -20 °C abkühlen. Dafür fülle ich regelmäßig Gefrierbeutel mit Wasser, lege sie flach auf ein Blech und friere sie ein. Diese Platten lassen sich mit ein paar Schlägen in Crushed Ice verwandeln. Denn je kleiner die Eisstücke, desto mehr Wärme entziehen sie dem Wasser. Die Eiswassermethode nutze ich auch, um Lebensmittel für das Einfrieren abzukühlen. Auf alle Fälle sollte man vermeiden, noch warme Lebensmittel in den Kühl- oder Gefrierschrank zu stellen.

Tiefkühlen verbessert zwar die Haltbarkeit, kann sich aber bei unsachgemäßer Anwendung negativ auf die Qualität auswirken. Bei Gefrierbrand können Eiskristalle die Konsistenz des Produkts beschädigen. Weiterhin können sich Aromen verflüchtigen. Darum empfehle ich stets, das Lebensmittel zu vakuumieren oder sorgfältig in Folie zu verpacken, um es möglichst gut vor Sauerstoff zu schützen. Auch beim Tiefkühlen gilt: je schneller, desto besser. Je schneller ich die gewünschte Lagertemperatur von -20 °C erreiche, desto kleiner sind die entstehenden Eiskristalle, und je kleiner sie sind, desto weniger Schaden richten sie in den Zellen an. Zudem empfehle ich, die Temperatur des Tiefkühlgeräts so konstant wie möglich zu halten.

Beim Einkauf von tiefgekühltem Fleisch sollte man darauf achten, das es in kurzer Zeit auf -30 °C heruntergekühlt wurde. Aufschriften wie Schockgefrostet oder fresh frozen weisen darauf hin.

LEBENSMITTEL AUFTAUEN

Ziel des Auftauens ist es, die Kälte so schnell wie möglich aus dem Lebensmittel zu entfernen. Kommt es beim Auftauen zu einer Art Kältestau, bilden sich in bereits aufgetauten Teilen wieder Eiskristalle, die die Zellen des Lebensmittels verletzen können, und Wasser tritt aus. Meist wird geraten, Fleisch (in Folie verpackt oder vakuumiert) langsam über Nacht im Kühlschrank auftauen zu lassen und dieses auf keinen Fall in heißem Wasser zu tun. Das ist so nicht richtig – ganz im Gegenteil. Die Vorschriften beruhen auf der Annahme, dass das Fleisch in etwa 60 °C heißes Wasser aus dem Wasserhahn gelegt wird. Das Fleisch kühlt das Wasser ab, und schon sind wir in dem Temperaturbereich von 10–50 °C, in dem die Bakterien Tango tanzen und Lust auf Vermehrung bekommen. Wenn man das Wasser in einem Wasserbad konstant auf etwa 55 °C hält, kann nichts passieren. Da nicht jeder über ein entsprechendes Wasserbad verfügt, funktioniert dieselbe Methode, die man zum Abkühlen nutzt, auch beim Auftauen: das kalte Wasserbad (ohne Salz). Ich stecke oft vakuumiertes Fleisch in einen mit Wasser gefüllten Gefrierbeutel und lege es in den Kühlschrank. Bei dieser Methode sammelt sich viel weniger Auftauwasser im Beutel als wenn ich das Fleisch zum Auftauen direkt in den Kühlschrank lege.

Ein weiterer Vorteil: Tiefgekühltes Fleisch kann ich gleichmäßig sous-vide garen. Ich kann also ohne nennenswerte Qualitätseinbußen ein schockgefrostetes Rindersteak je nach Dicke für 1–2 Stunden in ein 55 °C heißes Wasserbad legen und danach grillen. Übrigens: Dünnere Stücke können problemlos bei Raumtemperatur aufgetaut werden.

GRILLMYTHEN UND IHRE WAHREN GESCHICHTEN

DIE PORENLEGENDE

Bei nahezu allen meinen Auftritten und Seminaren werde ich mit ein und demselben Ammenmärchen konfrontiert. Die Rede ist von den ominösen Poren im Fleisch, die sich verschließen und das Fleisch nach dem Anbraten »hermetisch« versiegeln, sodass es kein Mikrogramm Fleischsaft verliert. Diese Legende ist in den Köpfen vieler Menschen so eingebrannt, dass es schwer ist, sie vom Gegenteil zu überzeugen.

Tatsache ist, dass Fleisch keine Poren hat, die sich schließen können, also keine Löcher, aus denen der Fleischsaft austreten kann. Es ist nicht nur falsch, dass durch das Anbraten die Säfte im Fleisch eingeschlossen werden, sondern Forschungen haben gezeigt, dass genau das Gegenteil der Fall ist. Harold McGee hat diese Erkenntnisse in seinem Standardwerk »On Food and Cooking« publiziert.

Bekannt ist, dass starke Hitze Kollagen zum Schrumpfen bringt und so Saft aus dem Fleisch presst. McGee listet offensichtliche Belege auf:

Beweis 1: Das Zischen beim Anbraten von Fleisch – hervorgerufen durch austretende Säfte, die in der heißen Pfanne verdampfen. Hätte das Anbraten eine versiegelnde Wirkung, dürfte es nicht zischen.

Beweis 2: Die rote Flüssigkeit auf der Fleischoberfläche – sie enthält rot pigmentiertes Myoglobin, das nur innen aus dem Fleisch kommen kann. Würde die Kruste versiegeln, träten die Fleischsäfte nicht aus

Beweis 3: Der Bratensatz in der Pfanne nach dem Anbraten – woher kommt er? Er ist aus dem Fleisch ausgetreten.

Beweis 4: Der Dampf – von einem angebratenen Steak aufsteigender Dampf ist reiner Wasserdampf, der aus dem Fleisch austritt.

Beweis 5: Der Saft auf dem Teller – noch bevor das Steak angeschnitten wird, rinnt Fleischsaft auf den Teller, egal ob das Fleisch angebraten war oder nicht.

Der Irrtum, dass durch Koagulation – die Gerinnung von Eiweiß – eine fleischsaftundurchlässige Kruste entsteht, geht auf den deutschen Chemiker Justus von Liebig (1803–1873) zurück. Dieser entdeckte, dass Proteine bei Hitzeeinwirkung gerinnen, und folgerte daraus, dass die geronnene Kruste den Fleischsaft einschließt. Nun mag sich so

mancher die Frage stellen: Warum Braten wir Fleisch dann überhaupt an? Die Antwort lautet: Wegen der köstlichen, gebräunten Kruste. Wir wollen die Röstaromen, die bei der Bräunung während der Maillardreaktion ab 140 °C Kontakttemperatur entstehen. Zudem sieht ein Stück Fleisch vom Grill mit einem schönen Branding doch einfach verführerischer aus.

FLEISCH RUHEN LASSEN

Warum lässt man Fleisch ruhen? Es gibt die verschiedensten Kommentare dazu: Damit das Fleisch sich entspannt, damit der Fleischsaft wieder in den Kern wandert, damit sich der Fleischsaft besser verteilt usw. Häufig wird auch das Einwickeln in Alufolie empfohlen. Ziel des Ganzen ist, da sind sich alle einig, dass der Fleischsaft beim Anschneiden nicht ausläuft. Ich selbst habe dies in der Vergangenheit auch oft gesagt – weil ich es sehr oft gehört und dann unüberlegt nachgeplappert habe. Aber irgendwann fragte ich mich: Wenn Fleischsaft im Fleisch hin und her wandert, muss irgendwo viel davon sein und irgendwo wenig oder gar nichts. Das hieße, es gäbe komplett trockene Stellen im Fleisch. Ich konnte mir diese ganze Wasserwanderung nicht vorstellen. Schließlich ist das Wasser in den Proteinen der Muskelfasern gebunden.

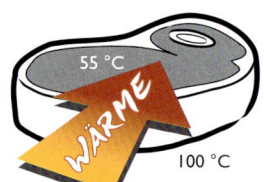

1 Im Grill:
Außentemperatur 100 °C
Kerntemperatur 55 °C

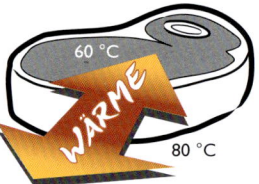

2 Nach 10 Minuten Ruhen:
Außentemperatur 80 °C
Kerntemperatur 60 °C

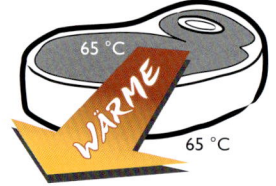

3 Nach 20 Minuten Ruhen:
Außentemperatur 65 °C
Kerntemperatur 65 °C

Was also passiert im Fleisch? Beim Erhitzen ziehen sich die Muskelfasern zusammen und drücken so den Fleischsaft heraus. Nimmt man ein Stück Fleisch vom Grill und schneidet es sofort an, fließt der Saft ungehindert hinaus. Lässt man das Fleisch aber einige Minuten ruhen und somit auch abkühlen, dicken Eiweiße den Fleischsaft wieder ein, und er kann nicht so schnell auslaufen. Durch das Ruhen gleicht sich das Temperaturgefälle von außen nach innen aus. Denn nachdem ich das Steak vom Grill genommen habe wandert die Hitze noch einige Minuten von außen in den Kern.

Wenn man das Fleisch in Alufolie einwickelt, kühlt es nicht gleichmäßig ab. Wasser verdunstet an der Fleischoberfläche und kondensiert an der Alufolie. Durch dieses »Dämpfen« ruinieren wir auch die Kruste am Fleisch, da sie aufweicht. Zudem wäscht die Flüssigkeit Röstaromen von der Kruste. Am besten ist, man legt das Fleisch zum Ruhen auf einen Rost oder ein Gitter, sodass die Luft von allen Seiten zirkulieren kann, und stellt es für 5–10 Minuten an einen warmen Ort. Man kann vom Grill die Resthitze nutzen. Allerdings sollte die Temperatur unter der gewünschten Kerntemperatur liegen. Stark übergarte Zonen, beispielsweise die durch Überhitzung entstandenen grauen Randzonen des Steaks, nehmen so gut wie keinen Fleischsaft mehr auf. Das heißt, ein durchgebratenes Steak muss nicht ruhen.

DIE FARBE DES FLEISCHS

Das Auge isst mit, und da stellt sich die Frage: Woher bekommt Fleisch seine Farbe? Jedes Stück Fleisch ist eine Art Muskel, der je nach Aktivität des Tiers mit Sauerstoff versorgt werden musste – manche Teile sind eher blass und andere Teile sind dunkelrot bis hin zu fast schwarz. Bei lebenden Tieren versorgt das Hämoglobin im Blut den Körper mit Sauerstoff. Das Protein Myoglobin transportiert den Sauerstoff in die Muskeln und färbt das Fleisch rot. Je aktiver der Muskel ist, desto mehr Sauerstoff benötigt er und desto dunkler ist das Fleisch. Gut zu sehen ist das am Huhn, bei dem das Keulenfleisch viel dunkler als das Brustfleisch ist, da diese Muskeln stärker beansprucht werden.

Aber was passiert, wenn die rote Farbe im Fleisch verschwindet? Myoglobin oxidiert ab einer Temperatur von 60 °C. Helleres Fleisch mit wenig Myoglobin im Muskel wird ab dieser Temperatur schon nahezu weiß. Je dunkler das Fleisch ist, desto länger dauert die Oxidation. Bei rotem Fleisch ist sie erst bei 76 °C abgeschlossen. Ein Beispiel aus der Praxis: Jeder hat bestimmt schon gehört oder gelesen »Hähnchenbrust ist gar, wenn beim Anstechen klarer Fleischsaft austritt«. Das heißt: Im Innern hat das Fleisch eine Kerntemperatur über 60 °C, das Myoglobin ist oxidiert, und der Fleischsaft ist klar.

Wenn Fleisch vakuumverpackt ist, fehlt dem Myoglobin der Sauerstoff, es wird leicht bräunlich und sieht nicht mehr so appetitlich aus. Diesen Vorgang kann man auch in der Fleischtheke beim Metzger beobachten, wenn Fleischscheiben überlappend hingelegt sind. Die abgedeckten Stücke der unteren Scheiben werden dann nicht mit Sauerstoff versorgt und bräunlich. Legt man diese Scheiben wieder offen hin, sodass das Myoglobin mit Sauerstoff reagieren kann, nimmt es nach 10–20 Minuten wieder seine ursprüngliche Farbe an. Dieses Phänomen nutzen Fleischverarbeiter, um Frischfleisch in Schutzatmosphäre zu verpacken. Das heißt, Fleisch wird mit einem Gasgemisch aus Sauerstoff und Stickstoff oder Kohlenmonoxid (zur Keimabtötung) begast und verpackt. Das Myoglobin reagiert mit dem Sauerstoff und das Fleisch sieht aus rein kosmetischen Gründen längere Zeit frisch und appetitlich aus. Der Nachteil dieses Verfahrens ist, dass durch die hohe Sauerstoffkonzentration das Fett schneller mit dem Sauerstoff reagiert und ranzig schmeckt.

Einen weiteren gravierenden Nachteil empfand ich, nachdem ich zwei Fleischstücke – eins vakuumiert und eins begast – nach dem Grillen miteinander verglich. Bei einer sanften Garung auf eine Kerntemperatur von 55 °C war bei dem begasten Fleisch (im Gegensatz zu dem vakuumverpackten) die rote Farbe zu einem großen Teil verschwunden. Es war zwar saftig, schmeckte aber leicht ranzig und vom Farbton her sah es aus, als hätte ich es durchgebraten. Auch das mehrmalige Wiederholen des Tests brachte dasselbe Ergebnis. Mein Fazit: Verpackungen mit Schutzatmosphäre machen Sinn, wenn man durch die Begasung das Keimwachstum in den Verpackungen reduzieren möchte. Das Begasen mit Sauerstoff aus rein optischen Gründen sehe ich dagegen kritisch.

DAS STEAK IST MIR ZU BLUTIG …!

Diesen Satz haben wohl schon fast alle Köche gehört. Aber ist die rote Flüssigkeit auf dem Teller überhaupt Blut? Nein, definitiv nicht, da die Tiere nach dem Schlachten ausbluten und sich im Fleisch kein Blut mehr hält. Hauptbestandteil dieser Flüssigkeit ist Wasser, der Zartmacher des Fleischs. Brät man Fleisch so lange, dass es kaum noch Wasser enthält, ist es nicht nur trocken, sondern auch meist grau und zäh. Die rote Farbe kommt vom Muskelfarbstoff Myoglobin. Er enthält Eisen, an das Sauerstoff gebunden werden kann. Auf diese Art transportiert das Myoglobin den Sauerstoff in der Muskulatur.

Aber was passiert, wenn die rote Farbe im Steak verschwindet? Dann hat das Fleisch eine Kerntemperatur von 76 °C überschritten. Das Myoglobin verliert die Fähigkeit, den Sauerstoff zu binden, wird zu Met-Myoglobin umgewandelt, und das Fleisch wird innen grau und zäh. Mein Tipp für alle, die ihr Steak im Restaurant durchgebraten bestellen: Schauen Sie auf der Speisekarte mal nach schönen Schmorgerichten. Die sind kulinarisch auch nicht zu verachten und dem Koch blutet nicht das Herz, wenn er ein Steak durchbraten muss.

FLEISCH WENDEN –
WIE OFT UND WARUM?

Immer wieder liest man, dass ein perfekt gegrilltes Steak auf dem Grill nur ein- bis zweimal gewendet werden darf. Selbst aus meinem Mund kam noch bis vor einem Jahr bei Seminaren der Spruch, dass ein Steak nur einmal gewendet wird, und von mir stammt auch der Satz: »Vom vielen Wenden wird das Fleisch nicht gar.« Doch warum hält sich dieser Mythos so hartnäckig, obwohl schon nahezu jeder gegenteilige Erfahrungen gemacht hat? Man werfe nur einen Blick zu den Pyromanen hinüber: Sie entfachen in ihrem Grill ein Schmiedefeuer und legen darauf hauchdünn geschnittene Steaks. Von denen bliebe, wenn sie nicht alle 30 Sekunden gewendet würden, nichts als Kohle übrig.

Aber gehen wir mal von vernünftigen Rindersteaks aus, mindestens 3 cm dick. Wenn ich mich an die Regel halte, das Steak 3–4 Minuten auf jeder Seite zu grillen, gart es sehr ungleichmäßig. Das heißt, das Fleisch wird auf einer Seite für eine gewisse Zeit sehr heiß, trocknet an der Oberfläche aus und wird in den tiefer liegenden Bereichen grau, weil es zu einem Temperaturgefälle von der Oberfläche ins Innere kommt. Je größer dieser Unterschied, desto ungleichmäßiger gart das Fleisch. Bei einer direkten Grilltemperatur am Rost von über 250 °C beginnt das Wasser am äußeren Fleischrand zu sieden, weiter innen dagegen bleibt das Fleisch kühler, bis auch dort das Wasser verdampft ist, und erst dann wird die Oberfläche braun. Was passiert, wenn man Fleisch länger auf dem Rost auf einer Seite liegen lässt, weiß jeder: aus Braun wird Schwarz. In anderen Worten heißt das: Der Bereich unter der Oberfläche ist übergart, aber der Kern ist noch fast roh.

Häufiges Wenden ist wie Braten am drehenden Spieß

Anschließend muss ich natürlich das Fleisch von der anderen Seite fast genauso lange grillen. Während die zweite Seite grillt und die bereits gegrillte nach oben zeigt, passiert so einiges im Fleisch. An der dem Rost abgewandten Seite sinkt die Temperatur, die Wärme zieht zum Fleischkern und Wasser verdampft an der Oberfläche.

Abschließend wird das Fleisch zum Nachziehen gerne in den geschlossenen Grill gelegt. Dort breitet sich die Wärme weiter aus, und das Fleisch gart im Kern. Meist wird das Fleisch jetzt noch in Alufolie eingewickelt. Nun sammelt sich der austretende Wasserdampf in der Folie und kondensiert. Die Folge: Das Wasser weicht die Fleischkruste auf. Das Problem ist, jetzt den richtigen Punkt zu finden, wie lange man es ziehen lässt, dass der Kern nicht übergart. Da hilft nur viel Erfahrung oder ein Kerntemperaturthermometer.

In einem Video vertritt der Wissenschaftler Harold Mc Gee die These, dass ein häufig gewendetes Steak gleichmäßiger gart und dass sich die

Garzeit verkürzt. Ich erkannte die Logik: Nichts anderes passiert beim Braten am drehenden Spieß. Durch das Drehen habe ich eine gute Wärmeverteilung, und die Außenhaut wird knusprig. Also, was passiert beim häufigen Wenden? Je häufiger man ein Steak wendet, desto kürzer ist die Zeit, die es direkt auf dem heißen Grill liegt. Somit kann das Fleisch an dieser Stelle nicht übergaren, die Hitze staut sich nicht unter der Oberfläche und wandert besser in das Fleischinnere. Auch kühlt die von der Hitze abgewandte Seite nicht zu sehr ab, da sie immer wieder kurz erwärmt wird. Es gibt einen kontinuierlichen Wärmefluss ins Innere des Fleischs. Häufiges Wenden alle 20–30 Sekunden beschleunigt auch den Garvorgang.

1 rohe Aromen **2** Kocharomen **3** Röstaromen

Aber man möchte beim Grillen ja auch ein schönes Rautenmuster, das Branding, hinbekommen. Schließlich unterscheidet dieses einen guten Griller vom normalen Brutzler. Für das Branding wird in der Regel das Steak 3–4 Minuten auf dem heißen Rost gegrillt und dann nicht etwa gewendet, sondern nur um 90° gedreht und wieder auf dieselbe Seite gelegt. Doch auch hier gilt: Das Steak nach dem Angrillen wenden, um auf die andere Seite die ersten Streifen zu bringen. Beim erneuten Wenden das Steak um 90° versetzt wieder auf die erste Seite legen und so weiter. Dann hat man ein besseres Bratergebnis im Fleisch – und die Ruhezeit verkürzt sich. Um auf der sicheren Seite zu sein, empfehle ich die Nutzung eines Kerntemperaturthermometers, um den genau gewünschten Gargrad (für medium 56 °C) zu erhalten. Schneidet man solch ein drei- bis viermal gewendetes Steak an, sieht man außen herum Kruste und darunter rosa Fleisch.

Übrigens: Ich bevorzuge das Rückwärtsgrillen. Das heißt, für ein Steak medium rare bringe ich das Fleisch auf eine Kerntemperatur von 55 °C und »male« dann nur noch bei hoher Temperatur ein Muster darauf.

Thomas Vilgis

FETT IST EIN GARANT FÜR SAFTIGES VOM GRILL

Nicht nur das häufige Wenden, auch der Fettgehalt hat entscheidenden Einfluss auf das Grillergebnis. Deshalb gilt trotz aller Tricks und Grillkünste: Fettarmes Fleisch sollte auf dem Grill zum Beispiel nach vorausgegangenem Sous-vide-Garen bei niedrigen Temperaturen höchstens kurz »gebrandet« und damit aromatisiert, aber nie bei hohen Temperaturen für längere Zeit gegrillt werden.

Beim Grillen denaturieren die Proteine, ziehen sich zusammen und quetschen Wasser – und damit den »Weichmacher« – aus dem Fleisch. Das Fleisch wird trocken, und besonders mageres Fleisch neigt dazu, zäh zu werden. Fettreiches und stark durchwachsenes Fleisch bleibt saftig. Vor allem der Talg von Rind und Lamm hat hohe Schmelzpunkte, was dem Wasserverlust und einem starken Austrocknen in mehrfacher Hinsicht entgegenwirkt.

Die Zusammensetzung des Fetts bestimmt dessen Schmelzpunkt. Es gibt eine grobe Faustregel: Je ungesättigter die Fettsäuren der Fette, desto niedriger der Schmelzpunkt. Die praktischen Beispiele kennen alle: Öle, die reich sind an mehrfach ungesättigten Fettsäuren, etwa Leinsamenöl oder Sonnenblumenöl, sind auch im Kühlschrank flüssig. Im Olivenöl dominieren die einfach ungesättigten Fettsäuren, daher wird es im Kühlschrank fest. Rindertalg oder Lammfett bestehen aus vielen gesättigten Fettsäuren, daher sind diese Fette bei Zimmertemperatur fest, letztere werden erst zwischen 50 °C und 60 °C flüssig.

Beim Grillen schmilzt das Fett. Die Hitze dringt nur langsam in den Kern des Fleischs und muss dort nicht nur die Proteine denaturieren, sondern auch Fett schmelzen. Die Energie (Wärme), die zum Schmelzen der Fettkristalle benötigt wird, steht vorerst nicht zur Erwärmung des Garguts zur Verfügung – wie bei den Bierflaschen im Waschzuber: Solange genügend Eis im Wasser ist, bleibt das Bier schön kühl. Wir Physiker nennen dies das Phänomen der »latenten Wärme«.

Das Schmelzen des Fetts bremst daher den Temperaturanstieg im Kern des Grillguts. Da aber Fleisch sowohl ungesättigte als auch gesättigte Fettsäuren enthält, schmelzen die Fette nach und nach im Bereich von 30–60/65 °C. Das ist auch genau der Temperaturbereich, in dem das Protein Myosin denaturiert, also gart, und das Kollagen gerade weich wird. Somit hält sich der Wasserverlust in den Muskelfasern in Grenzen, und das Fleisch bleibt saftig. Je durchwachsener das Fleisch ist, je mehr die Muskelfasern mit Fett durchzogen sind, desto besser und sanfter garen Entrecôtes, Spareribs oder T-Bones im Innern und außen hat das Fleisch genügend Zeit, beste Grillaromen zu entwickeln.

Beim Grillen von fettarmen Stücken fehlt die indirekte »Kühlung« des schmelzenden Fetts. Die Periode der langsamen und sanften Erwärmung wird sehr kurz. Die Gefahr der vollkommenen Austrocknung steigt, da beim raschen Temperaturanstieg vermehrt Wasser aus dem Fleisch austritt und verdampft.

Fett ist »Schmierstoff« und Wärmeregulator zugleich. Fleisch, das für den Grill bestimmt ist, muss einen höheren Fettanteil haben, um allen Torturen des ungleichmäßigen Garens Stand zu halten. Fettmarmoriertes Schwein, US-Beef oder Wagyū-Rind haben solch ein Fleisch. Der Anteil der ungesättigten Fettsäuren ist hoch – etwa 40 % bei Beef –, aber der Rest besteht aus gesättigten Fettsäuren. Diese schmelzen erst bei 60/65 °C. Ist das Fleisch gut durchwachsen, reicht deren latente Wärme aus, um die Kerntemperatur im Fleisch bei deren Schmelztemperatur zu halten. Fett schützt so die Proteine vor rascher Überhitzung und das Fleisch vor dem Austrocknen.

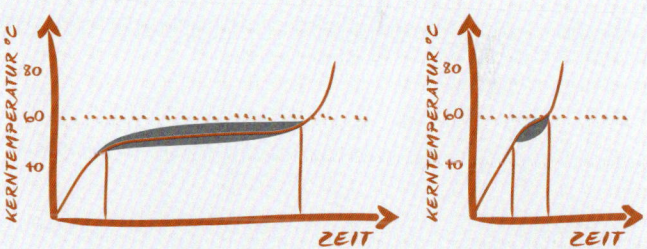

Rolle des Fetts: Schematische Darstellung der Temperaturerhöhung beim Grillen im Gargut (Kerntemperatur). Die Dauer des »guten« Garbereichs wird durch den Fettgehalt des Garguts mitbestimmt. Je mehr Fett im Fleisch enthalten ist, desto zeitlich ausgedehnter ist der Grillbereich, ohne dass eine Austrocknung stattfindet (bei gleicher Dicke des Grillstücks). Der genaue Verlauf des Temperaturanstiegs während des Schmelzens der Fette hängt von der exakten Zusammensetzung der Fette ab. Bei niedrigem Fettgehalt ist der »sanfte Grillbereich« (dunkelgrau unterlegt), bei der die Temperatur nur langsam zwischen 52 °C und 60 °C langsam steigt, sehr kurz. Daher trocknen magere Stücke auf dem Grill schnell aus.

SOUS-VIDE-GAREN UND GRILLEN

Wieso gart jemand wie ich, dessen Beruf das Grillen ist, Lebensmittel sous-vide? Eine berechtigte Frage. Aufmerksam wurde ich auf diese Garmethode im Jahr 2009 bei dem Symposium »Chefsache«. Auf der Bühne vakuumierten Köche Fleisch und Fisch und legten diese in ein durchsichtiges, digital gesteuertes Wasserbad – für mich neumodischer Firlefanz, den ich als »Aquariumskochen« abtat. Als ich dann aber die Vorteile dieser Gartechnik erläutert bekam und das sous-vide zubereitete Fleisch probierte, änderte sich meine Meinung.

Was mich allerdings abschreckte, waren die Garzeiten von bis zu 72 Stunden – mir reicht es schon, wenn ich 12 Stunden am Smoker sitze. Trotzdem las ich Bücher, um die Technik zu verstehen. Was mir fehlte, war die Ausrüstung: ein Vakuumierer und ein Sous-vide-Gerät. Aus Kostengründen entschied ich mich, ein digital temperaturgesteuertes Wasserbad selbst zu bauen. Durch meine ostdeutsche Herkunft war ich zu basteln und improvisieren gewohnt. Ich kaufte eine Heizquelle, genau genommen einen Tauchsieder für 5 Euro, ein digitales Thermostat für 39 Euro und zur Wasserumwälzung eine Zimmerspringbrunnenpumpe, sie kostete 4,95 Euro. Das alles installierte ich in einer Kühlbox – und voilà, es funktionierte. Die Wassertemperatur in der Box habe ich zusätzlich noch mit digitalen Kerntemperaturthermometern überwacht.

Jetzt fehlte mir nur noch eine Art Vakuumierer: Ich experimentierte mit Staubsaugern und kleinen Vakuumpumpen, aber die simpelste Lösung kam mir nicht in den Sinn: der Ziploc-Beutel (wiederverschließbarer Gefrierbeutel). Einfach Wasser in ein hohes Gefäß füllen, ein 300-g-Steak in den Ziploc-Beutel stecken und den Beutel bis auf eine kleine Öffnung verschließen. Den so vorbereiteten Beutel unter Wasser drücken, sodass der Wasserdruck die Luft komplett aus dem Beutel drückt (verbleiben Luftblasen im Beutel, schwimmt dieser im Wasserbad an der Oberfläche und das Fleisch gart ungleichmäßig). Dann muss der Beutel nur noch vollständig verschlossen werden, und das Steak ist sozusagen vakuumiert.

Nun begann für mich das eigentliche Experiment: Ich legte ein Steak im Vakuumbeutel für 6 Stunden ins 55 °C warme Wasserbad. Das sous-vide gegarte Fleisch war im Anschnitt gleichmäßig dunkelrosa und sehr zart. Nur etwas fehlte: der Grillgeschmack, die Röstaromen. Also habe ich das Steak kurz bei hohen Temperaturen angegrillt, sodass es Röststellen bekam. Noch ein bisschen Pfeffer und Salz, und das Steak war nach meinen damaligen kulinarischen Empfindungen nahezu

perfekt. Grünes Licht für meine mittlerweile in Szenekreisen bekannte Ossi-Vakuumierung holte ich mir bei Thomas Vilgis. Er bestätigte mir, dass es aus seiner Sicht weder bakteriologische noch gartechnische Einwände gibt. Er selbst wickele manchmal sein Gargut nur fest in Frischhaltefolie: »Das Entscheidende ist nicht das Vakuumieren, sondern die exakte Temperatursteuerung, die heute bei den handelsüblichen Geräten kein Problem mehr ist«, erklärte er.

Durch viel Experimentieren und regen Erfahrungsaustausch entwickelte ich Rezepte und merkte, dass beim Sous-vide-Garen – genau wie beim Grillen – Gargut, Zeit und Temperatur aufeinander abgestimmt sein müssen. Sous-vide-Garen in Kombination mit Grillen ist für mich momentan eine der besten Kombinationen zur Veredelung von Lebensmitteln. Eine passende Bezeichnung für die Vorbereitung vom Grillgut im temperierten Wasserbad war auch schnell gefunden: »Thermal-Marinieren«.

Für mich liegen die Vorteile vom Sous-vide-Garen auf der Hand: Es gibt mir die Möglichkeit, mein Gargut, beispielsweise Fleisch, auf den Punkt und gleichmäßig vorzugaren. Nun mag der Einwand kommen, dass das nichts mehr mit Grillen zu tun hat. Aber mir geht es beim Grillen in erster Linie darum, ein nahezu perfekt gegartes Stück Fleisch mit angenehmen Röstaromen auf den Teller zu bringen. Möchte man Fleisch perfekt garen, ist das Temperaturfenster sehr eng, und mithilfe des kontrollierten Sous-vide-Garens kann ich eigentlich nicht mehr viel falsch machen.

Ein Beispiel: Die ideale Kerntemperatur von Rindersteak ist nicht für jeden gleich. Der eine mag es rare (52 °C) der andere medium 56 °C. Diesen genauen Punkt auf einem Grillrost, der mindestens 250 °C heiß ist, hinzubekommen, ist eine Leistung. Vor allem, wenn man bedenkt, dass das Fleisch beim Ruhen weitergart, bis sich eine gleichmäßige Temperaturverteilung eingestellt hat. Da ist es einfacher, die Kerntemperatur des Fleischs im Wasserbad kurz vor den idealen Punkt zu bringen und dem Fleisch anschließend nur noch kurz bei sehr hoher Hitze Röstaromen zu verleihen.

Hier noch einmal die Vorteile des Sous-vide-Garens auf den Punkt gebracht: Das Gargut – auch Obst und Gemüse kann man sous-vide garen – wird schon im Garbeutel mit Gewürzen, Kräutern und Ölen aromatisiert. Durch den minimalen Wasseraustritt bleibt das Fleisch saftig und weich, und der ideale Garpunkt lässt sich genauer steuern.

Vakuumieren ohne Vakuumier-Gerät

Das Gargut – ggf. samt Marinade – in einen Ziploc-Beutel (wiederver-schließbarer Gefrierbeutel) geben. Diesen in einem Wasserbad bis zum Verschluss unter Wasser drücken. Die Luft wird aus dem Beutel heraus gedrückt. Den Ziploc-Beutel vorsichtig verschließen, sodass keine Luft mehr im Beutel bleibt. Dabei aufpassen, dass kein Wasser aus dem Wasserbad in den Garbeutel gelangt.

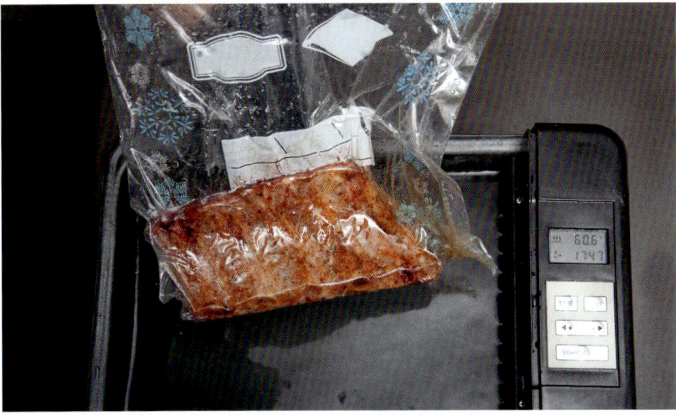

Den verschlossenen Beutel aus dem Wasserbad heben und schon hat man sozusagen ein vakuumiertes Stück Fleisch. Dieses kann nun im Sous-vide-Gerät oder einem selbst gebauten Wasserbad (siehe Seite 28) gegart werden.

Thomas Vilgis

EIGNET SICH SOUS-VIDE-GAREN AUCH FÜR WILD?

Grillen heißt auch Aromatisieren. Durch das Garen bei hohen Temperaturen entwickelt die Oberfläche des Grill-guts, egal ob Fleisch oder Gemüse, karamellartige, rauchige und auch würzige Aromen. Der Kern des Lebensmittels muss nicht un-bedingt auf dem Grill gegart werden. Gerne werden Fleischstücke sous-vide vorgegart und später auf dem Grill nur noch »gebran-det«. Auf diese Art sind Garen und Aromatisieren entkoppelt. Sous-vide heißt, bei niedrigen Temperaturen über eine entsprechend lange Zeit im Vakuum garen. Bei dicken Rippen oder Schweine-nacken sind Garzeiten von mehreren Stunden bei Temperaturen zwischen 52 °C und 58 °C keine Ausnahme. Der Vorteil ist klar: Das Fleisch bleibt saftig und rosa, es trocknet nicht aus und wird nicht zäh – besonders, wenn der Fettanteil stimmt. Sous-vide-Garen scheint eine Universalmethode zu sein.

Ganz so einfach ist es leider nicht. Vor allem geschossenes Hochwild erfordert beim Sous-vide-Garen Umsicht. Wird das feine dunkelrote Filet stundenlang sous-vide gegart, kann es unangenehm breiig wer-den. Das Fleisch hat zwar noch seine schöne Farbe, verliert aber praktisch seine Struktur. Bei Rindfleisch tritt dieser Effekt nicht ein, ob-wohl der Muskelaufbau dem Wild bis auf wenige Feinheiten ähnelt.

Fleisch ist eben nicht Fleisch. Geschossenes Wildfleisch ist blutrei-cher, was beim Garen den süßlichen, fast leberartigen Geschmack verursacht. Allerdings erhöht sich dadurch die enzymatische Aktivi-tät im Muskelfleisch und führt dazu, dass sich viele Muskelproteine spalten. Wirken die Enzyme mehrere Stunden auf das Fleisch ein, verliert dieses nach und nach seine Struktur und demzufolge Stabili-tät und Biss. Bei herkömmlichen Garmethoden wie Kurzbraten, ist das kein Problem, wohl aber beim Garen unter 55 °C, denn man-che proteinspaltenden Enzyme sind dann hoch aktiv.

RÄUCHERN VON SOUS-VIDE GEGARTEM FLEISCH

Traditionell dient Räuchern in erster Linie zur Konservierung. Heutzutage wird eher aus geschmacklichen Gründen geräuchert. Die rauchigen Aromen adsorbieren auch auf sous-vide gegartem Fleisch. Was allerdings den »Rauchbiss« anbelangt, müssen Abstriche gemacht werden – und zwar abhängig von der Sous-vide-Gar-temperatur. Doch die Moleküle beeinflussen nicht nur die Konsis-tenz, sondern verleihen dem Räuchergut auch seine Farbe.

Der knackige Biss von geräucherten Brühwürsten (Wiener, Bockwürste, usw.), geräucherten Rohwürsten oder generell die Konsistenz von Rauchwaren ist etwas ganz Besonderes. Verantwortlich dafür sind bestimmte Moleküle aus dem Rauch, vor allem Ameisensäure, Formaldehyd und Essigsäure, die Proteine und damit Kollagenmoleküle miteinander verbinden. Mit zunehmender Räucherzeit werden die molekularen Verbindungen engmaschiger, die dem Rauch ausgesetzte Fleischschicht zieht sich stark zusammen, verfestigt sich und erhält einen ganz charakteristischen Biss.

Dabei spielt die Aminosäure Lysin und ihr isoelektrischer Punkt die wesentliche Rolle. Der isoelektrische Punkt definiert, einfach ausgedrückt, den pH-Wert bei dem die Aminosäure elektrisch neutral ist. Lysin hat einen isoelektrischen Punkt bei einem pH-Wert von 9,8 und ist damit bei Fleisch und Wurstwaren, die einen pH-Wert im sauren Bereich von unter 5,5 aufweisen, elektrisch positiv geladen.

Trifft Formaldehyd auf Lysin, reagieren die beiden Substanzen zu einer elektrisch neutralen Molekülgruppe. Durch diese Reaktion verringert sich die elektrostatische Abstoßung der gleichen positiven Ladungen zweier Kollagenstränge dramatisch. Die Kollagenstränge lagern sich enger zusammen und die Folge ist eine deutlich wahrnehmbare Texturänderung. Diese Koagulation und Vernetzungsreaktionen kommen auch bei weiteren Proteinen vor, etwa Membranproteinen wie Myoglobin.

Genau das ist der Knackpunkt beim Räuchern von sous-vide gegartem Fleisch: Die Texturveränderungen fallen, abhängig von der Gartemperatur und dem damit einhergehenden Wasserverlust im Fleisch, unterschiedlich aus. In rohen, gesalzenen und damit getrockneten Fleischprodukten sind Kollagen und Muskelproteine im Vergleich zu Sous-vide gegarten Produkten eher unverändert. Ein Räucherbiss ist gewährleistet. Bei sous-vide gegarten Produkten kann es, sofern die Gartemperatur nahe der Kollagendenaturierungstemperatur gewählt wird, zu Verlusten kommen. Man hat zwar einen fürs Räuchern erwünschten Wasserverlust, aber mit den Fleischsäften werden lösliche Proteine »ausgeschwemmt«. Diese fehlen dann zur bissigen Texturveränderung.

DER FLEISCHKLEBER
TRANSGLUTAMINASE

Aufmerksam wurde ich auf Transglutaminase (TG), als die Skandale mit Analogschinken und -käse durch die Presse gingen. Es wurde berichtet, dass die Lebensmittelindustrie Fleischreste zusammenklebt und dann als Formschinken verkauft. Dies sei eine Täuschung der Verbraucher, da diese für billiges Geld keinen hochwertigen, im Ganzen gewachsenen aus der Keule geschnittenen Schinken bekommen. Jetzt bin ich vielleicht ein bisschen sarkastisch, aber wenn ich eins und eins zusammenzähle, erkenne ich, dass das nicht funktionieren kann. Was sind denn Fleischreste? Kleinere Teile, die bei der Verarbeitung der Tiere anfallen und nicht mehr standardisiert verkauft werden können. Aber nur weil die Teile klein sind, sind sie doch nicht von schlechter Qualität. Aus Achtung vor dem Tier sollte man es doch so weit wie möglich verarbeiten. Das nenne ich Nachhaltigkeit.

Damals hörte ich, dass sich durch den Einsatz von Transglutaminase beachtliche Ergebnisse erzielen ließen. Ich wurde neugierig und probierte dieses angebliche Teufelszeug aus. Anfangs war es sehr schwer, Rezepte und Tipps beim Umgang mit TG zu bekommen. Sehr hilfreich war für mich eine Videoreihe des amerikanischen Spitzenkochs und Inhabers des New Yorker Restaurants WD~50, Wylie Dufresne.

TG wird seit Ende der 80er-Jahre industriell für die Lebensmittelindustrie hergestellt. Das Enzym verbindet Proteine und stellt damit ein stabiles Netzwerk her. Die Möglichkeiten in der Verwendung von TG sind nahezu grenzenlos. Nachfolgend einige der Vorteile von Transglutaminase: Mit ihrer Hilfe entstehen aus qualitativ hochwertigen Zuschnitten neue Produkte, die überzeugen. Neben der Funktion als Bindeprodukt kann TG auch zur Verbesserung der Textur beitragen, beispielsweise bei einer Farce mit Fleisch oder Fisch. Trotz ihrer hohen Aktivität ist TG ungefährlich für den Menschen, da sie beim Erhitzen der Gerichte über 60 °C inaktiviert wird. Wichtig beim Arbeiten mit Transglutaminase: Die Reaktion beginnt, sobald TG mit Wasser verrührt wird.

1. Activa (TG-Pulver) unter ständigem Rühren in 60 ml eiskaltem Wasser auflösen. Zwei ausgelöste Lammrücken (längs eingeschnitten) und -filets mit der Lösung bestreichen.

2. Die Filets direkt in die eingeschnittenen Rücken legen.

3. Beide Lammrücken samt Filets aufeinanderlegen.

4. Das Fleisch vakuumieren oder fest in Frischhaltefolie wickeln. Für mindestens 12 Stunden bei höchstens 4 °C in den Kühlschrank legen, damit die Lösung wirken kann.

Thomas Vilgis

KLEBEN MIT ENZYMEN

Transglutaminase ist ein speziell von der Natur geformtes Protein, dessen Aufgabe es ist, zwei Aminosäuren verschiedenster Proteine miteinander permanent zu vernetzen, wie es für die Bildung von Strukturproteinen notwendig ist. Um die Funktionsweise der Transglutaminase genauer zu verstehen, müssen wir in die Welt der Proteine eintauchen. Proteine sind aus einer wohldefinierten Abfolge von Aminosäuren zusammengesetzt. Die 20 Aminosäuren lassen sich in zwei gegensätzliche Grundtypen einteilen. Die einen lösen sich in Wasser, sie sind polar oder geladen, die anderen sind wasserunlöslich.

In allen Proteinen kommen vor allem zwei wasserlösliche Aminosäuren häufig vor, das positiv geladene Lysin und das polare Glutamin. Gibt man also den Katalysator Transglutaminase zu Fleischstücken, wird die Reaktion zwischen Lysin und Glutamin ausgelöst. Sie verbinden sich chemisch permanent. Geschieht dies verstärkt an zusammengepressten Fleischoberflächen, werden diese fest miteinander verbunden.

SPALTEN MIT ENZYMEN

Mit einem Protein, einem Fett- oder einem Stärkemolekül kann kein Organismus einen Stoffwechsel bestreiten. Die Nahrung muss in Stücke »geschnitten« werden, aus Proteinen werden deren Aminosäuren, aus Fetten deren Fettsäuren freigelegt. Stärke wird zu Glucose zerstückelt.

Nicht wenige (exotische) Früchte wie Papayas, Ananas, Feigen oder Kiwis enthalten Enzyme, die Proteine spalten können, sogenannte Proteasen. So lassen sich dicke Bratenstücke mit Ananas-, Papaya- oder Kiwisaft marinieren. Spritzt ein Koch die Marinade tief ins Fleisch, gelangt diese an Stellen, die mittels Diffusion durch das Einlegen in eine Marinade nur schwer zu erreichen sind. Werden dabei Enzyme über die Säfte der Früchte eingespritzt, wird auch das feste Bindegewebe rasch abgebaut.

Die Wirkung der Enzyme ist stark temperaturabhängig. Bei niedrigen Temperaturen, etwa bei 0–3 °C ist diese sehr verhalten. Mit zunehmender Temperatur, etwa im kühlen Keller bei 10 °C wird die Schneidewirkung besser, bis sie, je nach Enzym bei 30–50 °C ein Maximum durchläuft. Bei Temperaturen über 60 °C geraten die Enzyme aus ihrer Form, sie denaturieren wie die meisten Proteine unter Hitzeeinwirkung.

REZEPTE

REZEPTE

SCHWEIN

PRESA

SCHWEINENACKEN

CARPACCIO

PULLED PORK

SPARERIBS

HACKFLEISCH

ROSTBRATWURST

CHORIZO

DUROC

KACHELFLEISCH

SCHWEINEFILET

SCHWEINEFLEISCH

Schweinefleisch und Produkte aus Schwein legen die Deutschen am liebsten auf den Grill – egal ob Würstchen, Steaks oder Bauchfleisch. Schweine sind preiswert und ständig verfügbar.

Die Fleischindustrie übertrifft sich jedes Jahr aufs Neue, um das Nacken- und Holzfällersteak unter bunten, schmackhaften Marinaden zu verstecken. Und falls das Fleisch ohne Marinade angeboten wird, muss es mager sein, damit es der figurbewusste Konsument kauft.

Das Schwein zählt zu den ersten Tieren, die wir domestiziert haben. Und da Schweine im Gegensatz zu Schafen und Ziegen keine große Lust aufs Wandern hatten, wurden wir mit den Tieren sesshaft. Dadurch erklärt sich auch, warum Schweinefleisch bei einigen Bevölkerungsgruppen im Orient nicht populär ist: Da diese in den warmen trockenen Ländern als Nomaden unterwegs waren, vermieden sie es, mit dem Allesfresser Schwein um Wasser und Nahrungsmittel zu konkurrieren.

FLEISCHLIEFERANT NUMMER EINS

Im mitteleuropäischen Raum wurden Wildschweine gezähmt, um sie nicht mehr im Wald jagen zu müssen. Noch vor 100–150 Jahren hielt man die Schweine in der Nähe von Wäldern, da diese dort Futter in Form von Wurzeln, Eicheln und Ähnlichem fanden. Da das Schwein sich aber auch mit Speiseresten und »Abfällen«, beispielsweise aus Getreidemühlen und Brauereien, zufrieden gibt, konnte es problemlos in Ställen gehalten werden. Als sich daraus im Lauf der Zeit die konventionelle Massentierhaltung entwickelte, begann man, extra für die Schweine Rüben und anderes Futter anzubauen.

Mittlerweile ist das Schwein weltweit Fleischlieferant Nummer eins. Zahlenmäßig sind die Rinder den Schweinen zwar überlegen, aber da Letztere ein geringeres Schlachtalter haben und sich öfter und zahlreicher fortpflanzen, werden weltweit fünfmal so viel Schweine wie Rinder geschlachtet. Um dem Wunsch des Endverbrauchers nach preiswertem, magerem Fleisch Rechnung zu tragen, setzten sich in den vergangenen Jahrzehnten zunehmend die hochgezüchteten Hybridschweine in der Mast durch. Seit ein paar Jahren entwickelt sich

aber auch glücklicherweise wieder ein Markt für geschmackvolles Schweinefleisch mit einem hohen Anteil an intramuskulärem Fett. Denn einige Züchter besannen sich auf alte, robuste und stressresistentere Schweinerassen, die weniger anfällig für Krankheiten waren.

BEKANNTE SCHWEINE-RASSEN

Deutsches Landschwein B
Es zeichnet sich durch seine hohe Fleisch- und Mastleistung aus. Die Rasse entstand in Belgien durch eine Kreuzung vom Deutschen Mastschwein und dem Pietrain.

Duroc
Das Duroc-Schwein, so wie wir es heute kennen, entstand um 1830 aus einer Kreuzung aus roten Jersey-Schweinen und den ursprünglichen Durocs, roten Schweinen aus dem Nordosten der USA. Ungefähr 2006, als das Duroc-Schwein mit weiteren Rassen gekreuzt wurde, hielt es Einzug in die hiesigen, konventionellen Fleischtheken. Heute sind verschiedene Duroc-Züchtungen wie das Iberico-Duroc und das Thüringer-Duroc im Angebot – alle mit ordentlicher Qualität.

Iberico
Das meist schwarze iberische Schwein stammt größtenteils aus dem Südwesten Spaniens, beispielsweise aus Andalusien und der Extremadura. Die halbwilden Tiere werden meist in Kork- und Steineichenwäldern gehalten. Durch die Eicheln, die sie dort fressen, wird ihr Fleisch sehr schmackhaft und aromatisch. Von Schweinen, die sich vorwiegend von Eicheln ernähren, stammt auch der weltbekannte spanische Schinken. Etwa im Jahr 2005 hielt das in Spanien lebende Iberico-Schwein auf dem deutschen Markt Einzug. Als Vorreiter und Trendsetter beim Import und Handel mit diesen Schweinen möchte ich hier stellvertretend die Firma OTTO Gourmet nennen. Sie überzeugte mich vom Geschmack dieses guten Schweinefleischs – ich bin bis heute infiziert.

Mangalitza
Das aufgrund seines Aussehens als Wollschwein bezeichnete Tier hat seine Heimat in Ungarn. Dort setzte es sich durch seine Speckleistung als Favorit in der südosteuropäischen Schweinemast durch.

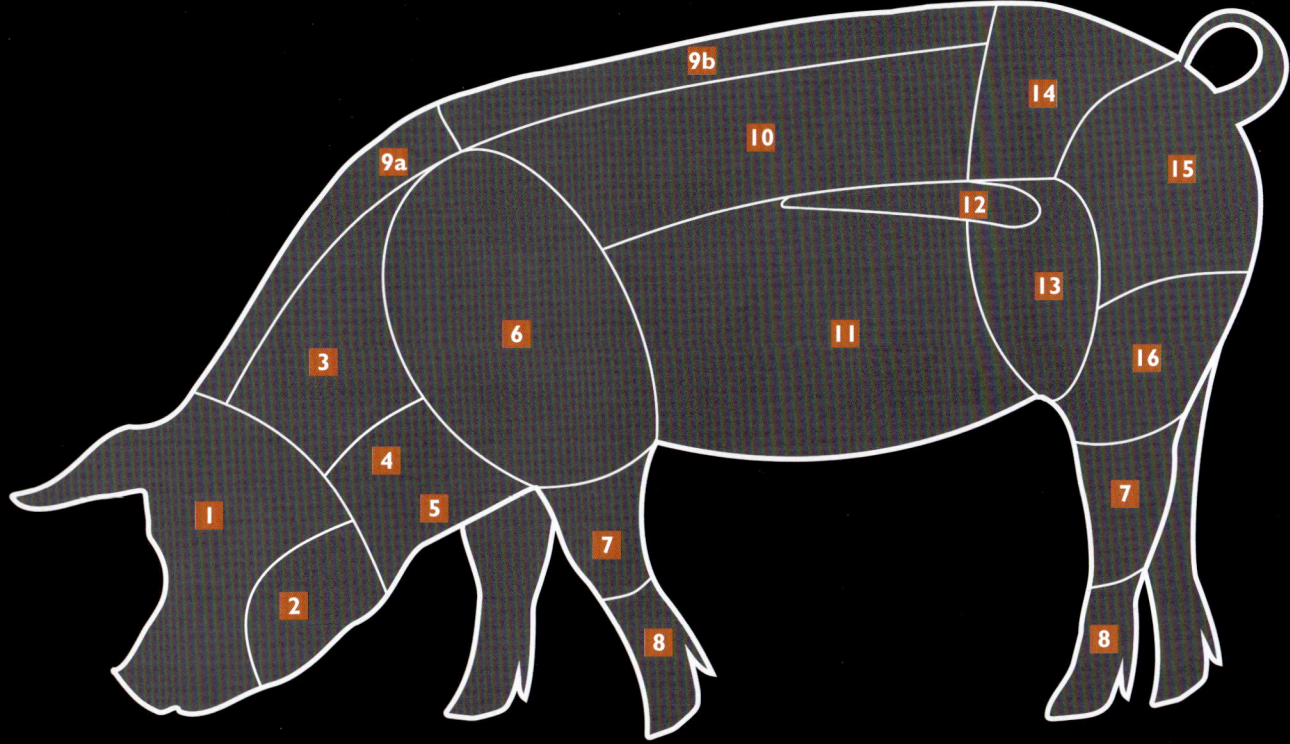

1 Kopf
2 Backe / Bäckchen
3 Hals / Kamm / Nacken / *Presa*
4 Brustspitze
5 Dicke Rippe

6 Schulter / Bug
7 Knöchel / Eisbein / Haxe
8 Fuß / Spitzbein
9a Kammspeck
9b Rückenspeck

10 Schweinrücken / Kotelett / *Secreto*
11 Bauch und Bauchlappen
12 Filet / Lende
13 Nuss

14 Hüfte
15 Oberschale / Schinken
16 Unterschale

Zudem wurde dieses robuste Schwein als »Landschaftspfleger« zur Bekämpfung des hartnäckigen Alpenampfers in der Alpenregion eingesetzt. Wollschweine liefern aromatisches, leicht fettmarmoriertes, dunkles Fleisch. Man findet es immer öfter auch in Großmärkten.

Pietrain
Die aus Belgien stammende Rasse ist für ihren hohen Magerfleischanteil bekannt. Sie spielte in ganz Europa eine wesentliche Rolle, als sich die Konsumgewohnheiten weg vom fetten und hin zu magerem Schweinefleisch wandelten. In der Zucht des am stärksten verbreiteten Deutschen Landschweins B übernimmt das Pietrain die Vaterrolle.

Schwäbisch Hällisches
Im 19. Jahrhundert importierte man chinesische Maskenschweine nach Deutschland, um sie mit einheimischen Landrassen zu kreuzen und so eine größere Fettausbeute zu erhalten. In der weiteren Entwicklung folgten Kreuzungen meist mit der englischen Rasse Berkshire. In den 1980er-Jahren haben sich Bauern aus der Region Hohenlohe-Franken zusammengeschlossen, um die Tradition des Schwäbisch Hällischen Landschweins wiederzubeleben. Die alte Rasse

verfügt über Eigenschaften wie Vitalität und Robustheit und eignet sich hervorragend für die Erzeugung hochwertiger Spezialitäten, bei denen feinfaseriges Fleisch mit feinster Fettmarmorierung und einem optimalen Reifeverhalten von größter Bedeutung ist. Teilweise Eichelfütterung und nachhaltige Aufzucht versprechen einen kernigen, nussigen Fleischgenuss erster Güte. Mittlerweile gibt es auch die ersten zufriedenstellenden Ergebnisse, dieses Fleisch im Dry-Age-Verfahren (siehe Seite 22) zu reifen.

LiVar Klosterschwein
Eine der jüngsten Schweinerassen auf dem Markt. Erst Anfang des 21. Jahrhunderts taten sich Züchter aus den Niederlanden zusammen, um durch Kreuzungen aus dem niederländischen Landschwein, dem Schwäbisch-Hällischen, dem englischen Essex- sowie dem amerikanischen Duroc-Schwein das LiVar (Limburgse Varken), das Limburger Klosterschwein, zu züchten. Durch Freilandhaltung und reine Getreidefütterung liefern die Tiere ein einzigartiges Fleisch, das beim Braten zart und saftig bleibt. Das Fleisch ist gut durchwachsen und hat einen intensiven, sehr angenehmen und natürlichen Geschmack.

PRESA
MIT MANCHEGO-TOMATEN-SAUCE

ZUBEREITUNG: 40–50 MINUTEN

FÜR 4 PERSONEN
ALS HAUPTGERICHT

etwa 700 g Presa
(siehe Seite 37)
BBQ-Gewürz (beispielsweise
Paul Prudhomme Pork) oder
Salz und frisch gemahlener
Pfeffer

FÜR DIE MANCHEGO-
TOMATEN-SAUCE
2 reife Tomaten
Fleur de Sel
frisch gemahlener schwarzer
Pfeffer

3 EL Olivenöl
3 Walnüsse
200 g Manchego (spanischer
Hartkäse aus Schafsmilch)
1 EL frische Rosmarinblätter
12 dünne Scheiben Baguette
Rosmarinzweige zum Garnieren (nach Belieben)

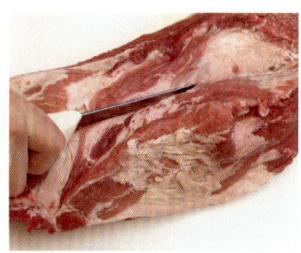

ZUBEREITUNG

Das Presa ist ein handtellergroßes, durchgehendes Stück Fleisch auf der Oberseite des Schweinenackens. Es kann ganz einfach am Vlies entlang ausgelöst werden (siehe Bilder links).

1. Das Presa rundherum mit BBQ-Gewürz oder mit Salz und Pfeffer einreiben, auf den Grill legen und bei etwa 180 °C 30–40 Minuten indirekt grillen, bis es eine Kerntemperatur von etwa 56 °C erreicht hat (das Fleisch zieht mindestens 2 °C nach).

2. Inzwischen für die Manchego-Tomaten-Sauce die Tomaten halbieren, mit der groben Seite einer Küchenreibe in eine Schüssel reiben, salzen, pfeffern und mit dem Olivenöl verrühren. Die Walnüsse knacken, die Walnusshälften mit den Händen zerkleinern und hinzufügen. Den Manchego in 1 cm große Würfel schneiden und zu den Tomaten geben. Den Rosmarin mit der Hand zerreiben oder grob hacken und dazugeben. Sämtliche Zutaten verrühren.

3. Das Presa vom Grill nehmen, gegen die Faser in etwa 1 cm dicke Scheiben schneiden und mit der Sauce auf vier Tellern anrichten. Nach Belieben mit Rosmarinzweigen garnieren.

4. Die Baguettescheiben auf dem Grill anrösten und zu dem Fleisch und der Sauce servieren. Hervorragend zum Presa passen außerdem die Pimentos von Seite 183.

NACKEN AM SPIESS
MIT GRILLGEMÜSE

ZUBEREITUNG: 45 MINUTEN

FÜR 8 PERSONEN
ALS HAUPTGERICHT

4 flache, mindestens 1 cm breite Grillspieße, Gussplatte

etwa 1,2 kg Schweinenacken (Fleischstück, aus dem das Presa herausgeschnitten wurde; siehe Seite 38)
BBQ-Gewürz (beispielsweise Paul Prudhomme Pork) oder Salz und frisch gemahlener Pfeffer
BBQ-Sauce (beispielsweise Bone Suckin Sauce Regular)

FÜR DAS GRILLGEMÜSE
1 Zucchini
1 rote Paprikaschote
1 gelbe Paprikaschote
1 Chilischote
1 Gemüsezwiebel
5 Zweige frischer Thymian
Salz
frisch gemahlener Pfeffer
2 EL Olivenöl
100 g Cheddar
2 EL frisch geriebener Manchego

ZUBEREITUNG

1. Den Schweinenacken längs in vier gleichmäßig breite Streifen schneiden, mit BBQ-Gewürz oder mit Salz und Pfeffer würzen und mittig auf die Spieße fädeln.

2. Die Gussplatte auf den Grill legen. Die Spieße in den Warmhalterost des Grills hängen oder alternativ schräg zwischen die Grillstäbe klemmen und 45 Minuten bei etwa 180 °C grillen. Nach 30 Minuten die Temperatur auf 120 °C reduzieren. Während des Garens die Spieße insgesamt dreimal mit BBQ-Sauce bestreichen und wenden.

3. In der Zwischenzeit für das Grillgemüse die Zucchini längs halbieren und mit einem Teelöffel das weiche Innere und die Kerne herausschaben. Die Hälften in dünne, halbmondförmige Scheiben schneiden. Die Paprika und die Chilischote halbieren, vom Kerngehäuse befreien und in dünne Streifen schneiden. Die Gemüsezwiebel schälen und in ebenso dicke Ringe schneiden. Vom Thymian die Blätter abzupfen. Alles in eine Schüssel geben, salzen und pfeffern und mit dem Olivenöl vermischen. Das Gemüse auf die heiße Gussplatte geben und braten, bis es leicht Farbe angenommen hat.

4. Den Cheddar in dünne Streifen schneiden und mit dem geriebenen Manchego über dem Gemüse verteilen. Den Brenner unter der Gussplatte ausschalten, den Deckel schließen und das Gemüse noch 5–10 Minuten garen, bis der Käse geschmolzen ist.

WARMES CARPACCIO
MIT SERRANO-SALAT

ZUBEREITUNG: 25 MINUTEN

FÜR 4 PERSONEN
ALS VORSPEISE

1 unbehandelte Zitrone
1 Knoblauchzehe
Salz
frisch gemahlener Pfeffer
500 g Iberico Secreto (unteres Schulterteil; verstecktes Filet genannt; grobfaseriges, sehr stark marmoriertes Muskelfleisch)
10 Kapern
1 EL Olivenöl

**FÜR DEN SALAT
IM SERRANO-KÖRBCHEN**
8 Scheiben Serrano-Schinken
200 g gemischter Blattsalat
12 Kirschtomaten
3 EL Olivenöl
½ EL Zitronensaft
1 TL flüssiger Honig
Salz
frisch gemahlener Pfeffer

ZUBEREITUNG

1. Die Zitronenschale abreiben, die Frucht halbieren und beiseitelegen. Die Knoblauchzehe halbieren. Einen Teller oder eine Servierplatte mit der Knoblauchzehe einreiben und mit Salz, Pfeffer und der Zitronenschale bestreuen.

2. Das Fleisch auf dem heißen Grill 3 Minuten direkt grillen. Dabei alle 20 Sekunden wenden. Die Zitronenhälften mit der Schnittfläche auf den Grill legen und ebenfalls 3 Minuten grillen.

3. Das Iberico Secreto vom Grill nehmen und quer zur Faser in dünne längliche Scheiben schneiden. Die Scheiben auf dem aromatisierten Teller oder der Platte leicht überlappend nebeneinander auslegen. Die Kapern darüberstreuen und mit Salz und Pfeffer würzen. Die gegrillte Zitrone über dem Fleisch auspressen und das Olivenöl darüberträufeln.

4. Für das Serranokörbchen den Serranoschinken über vier Stäbe des Warmhalterosts hängen und bei maximal 100 °C trocknen lassen, das dauert etwa 15 Minuten.

5. Den Salat putzen, waschen und trocken schleudern. Die Tomaten vierteln. Olivenöl, Zitronensaft und Honig mit etwas Salz und Pfeffer zu einer Vinaigrette verrühren und mit den Tomatenvierteln unter den Salat mengen.

6. Die gebogenen Schinkenstreifen zu einer Schale zusammensetzen und den Salat darin anrichten.

PULLED PORK

SOUS-VIDE-GAREN (68 °C):
12 STUNDEN

ZUBEREITUNG:
1 STUNDE 15 MINUTEN

FÜR 10 PERSONEN
ALS HAUPTGERICHT

1,2 kg Schweinenacken
10 Brötchen
BBQ-Gewürz (beispiels-
weise Paul Prudhomme
Pork) oder Salz und
frisch gemahlener Pfeffer
BBQ-Sauce
500 g Krautsalat

ZUBEREITUNG

Dies hier ist eine einfache Methode zur Zubereitung von
Pulled Pork, für die man keinen Smoker benötigt. Pulled Pork,
bei Niedrigtemperatur langsam gegartes Fleisch, wird in der
Regel – abweichend von diesem Rezept – aus der Schweine-
schulter hergestellt.

1. Das Presa aus dem Nacken auslösen (siehe Seite 38) und anderweitig verwenden. Den Rest vom Nacken mit BBQ-Gewürz
oder Salz und Pfeffer würzen.

2. Das Fleisch in einen Sous-vide-Beutel geben und vakuumieren
oder die Luft anderweitig aus dem Kochbeutel entfernen
(siehe Seite 28–29). Ein Wasserbad auf 68 °C vorheizen und
den Beutel für mindestens 12 Stunden hineinlegen.

3. Den Beutel aus dem Wasser nehmen und das Fleisch heraus-
holen, den ausgetretenen Fleischsaft aufbewahren.

4. Den Grill mit Räucherbeutel (siehe Seite 17) vorbereiten und
das Fleisch etwa 1 Stunde bei 120 °C in den Rauch legen. Dann
mit zwei Gabeln zerpflücken und den aufbewahrten Fleischsaft
untermischen. Das Pulled Pork mit BBQ-Sauce verfeinern und
mit etwas Krautsalat im Brötchen genießen.

PULLED PORK ALS VORSPEISE MIT CHIPS ODER GEROLLT

ZUBEREITUNG:
30 MINUTEN

JEWEILS FÜR 4 PERSONEN
ALS VORSPEISE

FÜR PULLED PORK
MIT TORTILLACHIPS
400 g Pulled Pork
(Rezept siehe links)
200 g Tortillachips
gebratene Zwiebelringe
von 1 Gemüsezwiebel
10 Jalapeños aus dem
Glas, in Ringe geschnitten
300 g Cheddar
BBQ-Sauce

FÜR PULLED-PORK-
ROLLS
200 g Pulled Pork
4 Tortillawraps
200 g Weißkrautsalat
BBQ-Chutney und
Napoleon-BBQ-Sauce
zum Servieren

ZUBEREITUNG

1. Das Pulled Pork wie im Rezept links beschrieben zubereiten.

2. Für Pulled Pork mit Tortillachips 400 g Fleisch mit den Tortillachips in eine feuerfeste Schale oder Gusspfanne geben. Die
gebratenen Zwiebeln und die Jalapeños darüber verteilen. Alles
mit dem Käse bestreuen und auf dem geschlossenen Grill über-
backen. Mit BBQ-Sauce servieren.

3. Für Pulled-Pork-Rolls die vier Tortillawraps nebeneinander auf
die Arbeitsplatte legen. Am Rand auf jeden Wrap einen Streifen
Weißkrautsalat geben und mit einer Umdrehung leicht einrol-
len. 200 g warmes Pulled Pork auf den Wraps verteilen und
diese komplett aufrollen.

4. Die Rolls für 5 Minuten direkt auf den Grill legen, dabei mehrmals wenden, damit sie Röstaromen annehmen und kross werden. Das Weißkraut soll im Kern kalt bleiben. Jeden Wrap längs
halbieren, die Hälften aufrecht stellen und mit BBQ-Chutney
garnieren. Dazu Napoleon-BBQ-Sauce reichen.

SPARERIBS
SOUS-VIDE

Gussplatte

2 kg Spareribs (am besten die mittleren Bauchrippen, da sie relativ gerade sind)
50 g Spareribrub
1 EL Speiseöl
3 EL Popcornmais

250 g gesalzene Butter, raumtemperiert
4 Stangen grüner Spargel
4 dünne Pastinaken
4 junge Karotten
4 Chilischoten
4 Kolben Babymais
BBQ-Sauce

SOUS-VIDE-GAREN (60 °C): 18 STUNDEN

ZUBEREITUNG: 30 MINUTEN

FÜR 4 PERSONEN ALS HAUPTGERICHT

ZUBEREITUNG

1. Von den Spareribs die Knochenhaut entfernen. Die Rippen mit der Gewürzmischung sorgfältig einreiben und in einen Sous-vide-Beutel geben. Diesen vakuumieren oder die Luft anderweitig aus dem Kochbeutel entfernen (siehe Seite 28–29). Ein Wasserbad auf 60 °C vorheizen und den Beutel für 16 Stunden hineinlegen. Dann den Beutel öffnen und den ausgetretenen Fleischsaft durch Apfelsaft ersetzen. Die Luft erneut aus dem Beutel drücken und diesen wieder verschließen. Die Spareribs weitere 2 Stunden im Wasserbad garen.

2. Nach etwa 15 Stunden Garzeit die Popcornbutter vorbereiten: Dafür in eine Aluschale das Öl und das Popcorn geben. Die Schale mit Alufolie abdecken und für etwa 10 Minuten direkt auf den heißen Grill stellen, bis die Körner zu Popcorn geworden sind. Aufpassen, dass sie nicht verbrennen. Das Popcorn klein schneiden und mit der Butter vermengen. Die Mischung auf ein Stück Alufolie geben, zu einem Bonbon zusammendrehen und für etwa 15 Minuten auf den Grill legen, dabei vier- bis fünfmal wenden. Das Bonbon anschneiden und die flüssige Butter herausdrücken.

3. Sämtliches Gemüse putzen und mit der Popcornbutter in einen Sous-vide-Beutel geben. Diesen die letzten 2 Stunden mit den Spareribs im Wasserbad garen. Das Gemüse aus dem Beutel nehmen und auf der Gussplatte leicht angrillen. Die Butter aufbewahren.

4. Die Spareribs aus dem Wasserbad nehmen, mit BBQ-Sauce bestreichen und in 20 Minuten auf dem Grill bei etwa 130 °C mit der BBQ-Sauce glasieren.

5. Die Spareribs vom Grill nehmen und die Knochen vorsichtig aus dem Fleisch drücken. Die entstandenen Löcher mit dem Gemüse füllen und mit der Popcornbutter aus dem Kochbeutel beträufeln.

MÜNCHNER SUSHI MIT RADI

ZUBEREITUNG:
30 MINUTEN

FÜR 10 PERSONEN
ALS VORSPEISE

200 g gemischtes Hackfleisch (Rind und Schwein)
1 EL BBQ-Gewürz (beispielsweise Paul Prudhomme Pork) oder Salz und frisch gemahlener Pfeffer
2 EL süße Chilisauce
1 TL Senf
2 Tortillawraps
100 g Obatzter
250 g Sauerkraut
6 Radieschen, in feine Bänder oder Scheiben geschnitten

ZUBEREITUNG

1. Das Hackfleisch in einen Gefrierbeutel geben. Das BBQ-Gewürz oder Salz und Pfeffer, die Chilisauce und den Senf hinzugeben und alles kräftig verkneten.

2. Jeden Wrap zur Hälfte mit Obatzter bestreichen. Den Saft aus dem Sauerkraut drücken und das Kraut auf dem Obatzten verteilen.

3. Von dem Gefrierbeutel eine der unteren Ecken abschneiden und das Hackfleisch als Wurst auf die Wraps drücken. Die Wraps vorsichtig zusammenrollen und mit einem Holzspieß verschließen.

4. Die Wraps unter mehrmaligem Wenden etwa 10 Minuten grillen, dann in mundgerechte Stücke schneiden. Die Röllchen aufrecht auf eine Platte oder einen Teller stellen und mit den Radieschen garnieren.

GEFÜLLTE HACKRÖLLCHEN

ZUBEREITUNG:
45 MINUTEN

FÜR 8 PERSONEN
ALS VORSPEISE

Edelstahl-Metallrohr mit etwa 1,5 cm Durchmesser

200 g gemischtes Hackfleisch (Rind und Schwein)
1 EL BBQ-Gewürz (beispielsweise Paul Prudhomme Pork) oder Salz und frisch gemahlener Pfeffer
2 EL süße Chilisauce
1 TL Senf
100 g Frischkäse
1 TL Schnittlauchröllchen (oder Kräuter nach Belieben)

ZUBEREITUNG

1. Das Hackfleisch in einen Gefrierbeutel geben. Das BBQ-Gewürz oder Salz und Pfeffer, die Chilisauce und den Senf hinzugeben und alles kräftig verkneten.

2. Von dem Gefrierbeutel eine der unteren Ecken (etwa 3 cm) abschneiden, das Metallrohr in den Beutel einführen und das Hackfleisch als Wurst außen auf das Rohr drücken. Dabei das Rohr vorsichtig aus der Tüte ziehen. Das Rohr auf den Grill legen und das Fleisch bei 180 °C etwa 20 Minuten grillen; gelegentlich wenden.

3. Das Rohr vom Grill nehmen und vorsichtig aus dem Hackfleisch ziehen. Den Frischkäse mit Kräutern verfeinern und mithilfe eines Spritzbeutels in das Loch im Hackfleisch spritzen.

4. Die Hackrolle in Stücke schneiden, auf einer Platte anrichten, nach Belieben mit Kräutern oder Gemüsesticks garnieren und servieren.

THÜRINGER ROSTBRATWURST AUF TOAST-CANNELLONI

3 Frühlingszwiebeln
2 EL Frischkäse
1 TL Senf
½ Bund Schnittlauch,
in Röllchen geschnitten
1 gebrühte Thüringer
Bratwurst mit mindestens
2 cm Durchmesser
2 EL Ziegenfrischkäse
2 Scheiben Sandwichtoast
Olivenöl
1 Tomate (nach Belieben)

ZUBEREITUNG:
40 MINUTEN

FÜR 4 PERSONEN
ALS VORSPEISE

ZUBEREITUNG

1. Die Frühlingszwiebeln etwa 15 Minuten indirekt grillen, bis sie weich und an einigen Stellen leicht geröstet sind. Vom Grill nehmen, in kleine Ringe schneiden und mit dem Frischkäse, dem Senf sowie ein paar Schnittlauchröllchen verrühren.

2. Die Bratwurst längs mit der Aufschnittmaschine in acht 2–3 mm dicke Streifen schneiden. Vier Stück Frischhaltefolie auf die Arbeitsplatte legen. Je zwei Wurststreifen überkreuz auf die Frischhaltefolie legen, je 1 TL Ziegenfrischkäse mittig daraufgeben und die Wurststreifen darum herumschlagen.

3. Vom Toastbrot die Rinde abschneiden. Jede Scheibe halbieren und mit einem Nudelholz zu Streifen ausrollen. Die Unterseite der Toastblätter mit Olivenöl bestreichen und diese aufrollen. Die Toast-Cannelloni mit der Naht auf den Grill legen und indirekt grillen, sodass stabile Röllchen entstehen. Die Toast-Cannelloni aufrecht auf einen Servierteller stellen und jeweils 1 TL Zwiebel-Frischkäse daraufgeben.

4. Die Wurstpäckchen von beiden Seiten bei starker Hitze direkt grillen, sodass der Ziegenkäse zu schmelzen anfängt. Ein Wurstpäckchen auf jede Toast-Cannelloni setzen und sofort servieren. Wer meint, die Cannelloni könnten etwas Farbe vertragen, kann noch eine Tomatenscheibe zwischen Toast und Wurst platzieren.

CHORIZO-EI

300 g Salz
300 g Zucker
4 Eier (plus 2 Eier
zur Reserve, falls ein Eigelb
beim Vorbereiten zerläuft)
4 ausgeblasene Eierschalen
(gibt's bei Bosfood)
120 g frische Chorizo

BEIZEN DES EIGELBS:
3 STUNDEN

ZUBEREITUNG:
20 MINUTEN

FÜR 4 PERSONEN
ALS VORSPEISE ODER
ZWISCHENGANG

ZUBEREITUNG

1. Salz und Zucker mischen und die Hälfte davon in eine flache Schüssel geben.

2. Die Eier trennen und die Eigelbe nebeneinander vorsichtig auf die Salz-Zucker-Mischung setzen. Die restliche Salz-Zucker-Mischung gleichmäßig darüber verteilen, sodass die Eigelbe bedeckt sind; für 3 Stunden beiseitestellen.

3. Kaltes Wasser in die Schüssel laufen lassen, jedes Eigelb vorsichtig abspülen und auf einen Teller setzen – die Salz-Zucker-Mischung hat der Außenhaut des Eigelbs Wasser entzogen, sodass diese halbwegs stabil ist.

4. Die Hackmasse aus den Chorizos herausdrücken. Von den ausgeblasenen Eierschalen oben einen kleinen Hut abtrennen. Das geht sehr gut mit einem sogenannten Eierschalensollbruchstellenverursacher. Die Eierschalen von innen dünn mit der Chorizomasse ausstreichen und in jedes Ei ein Eigelb geben.

5. Die Eigelbe sorgfältig mit Hackmasse bedecken, die Eier mit der offenen Seite auf den Grill setzen und bei 200 °C etwa 15 Minuten indirekt grillen. Die Eigelbe sollten im Kern flüssig bleiben, das heißt, die Kerntemperatur darf 64 °C nicht übersteigen.

DUROC
MIT GEBRATENEM RUCOLA

BEIZEN DES DUROCS:
1 STUNDE

ZUBEREITUNG: 45 MINUTEN

FÜR 4 PERSONEN
ALS HAUPTGERICHT

Gussplatte

1,2 kg Karree vom Duroc-Schwein am Stück
Salz
1 Bund Rucola (etwa 100 g)
2 rote Zwiebeln
frisch gemahlener Pfeffer
40 ml Sojasauce
Saft von ½ Zitrone

ZUBEREITUNG

1. Das Schweinekarree leicht mit Salz einreiben und für 1 Stunde beiseite-stellen. Dann das Fleisch grob parieren und die Fettseite mehrfach schräg einschneiden.

2. Das Karree mit der Fettseite auf die kalte Gussplatte legen und langsam er-wärmen, dadurch hat das Fett Zeit zum Austreten, aber das Fleischstück wird nicht schon stark gegart. Wenn das Fett zum größten Teil geschmolzen und ausgetreten ist und sich eine Kruste gebildet hat, das Karree von der Platte nehmen.

3. Das Fleischstück in Koteletts schneiden und die Steaks auf dem Grillrost unter mehrfachem Wenden fertig braten. Die Kerntemperatur sollte 60 °C betragen.

4. Den Rucola waschen und grob zerteilen. Die Zwiebeln schälen und in Ringe schneiden. Beides auf die Gussplatte geben, im ausgetretenen Schweinefett ringsum anbraten und mit Salz und Pfeffer würzen. Das Gemüse mit der Sojasauce und dem Zitronensaft ablöschen.

5. Das Rucola-Zwiebel-Gemüse auf vier Teller geben und das Fleisch darauf oder daneben anrichten.

KACHEL-FLEISCH
MIT ERBSENSUPPE UND SPECKCHIPS

ZUBEREITUNG: 50 MINUTEN

FÜR 4 PERSONEN
ALS VORSPEISE

iSi Gourmet Whip, 1 Liter Fassungsvermögen
2 N$_2$O-Patronen

500 ml Erbseneintopf (aus dem Glas von meiner Lieblingsfleischerei: www.fleischerei-fessel.de oder ein anderes Fertigprodukt)
200 g Sahne

Salz
frisch gemahlener Pfeffer
1 Baguette
2 Stück Kachelfleisch (etwa 200 g) (in Österreich auch Fledermausl genannt)
8 Scheiben Bacon (Frühstücksspeck)
frischer Thymian

ZUBEREITUNG

1. Die Erbsensuppe in einem Topf erwärmen, pürieren, die Sahne unterrühren, die Suppe mit Salz und Pfeffer abschmecken. Durch ein Sieb passieren und in den iSi füllen. Zwei N$_2$O-Patronen daraufschrauben und die Suppe im heißen Wasserbad warm stellen.

2. Das Baguette in etwa 10 cm dicke Stücke schneiden. Mit zwei Fingern mittig ein nicht zu kleines Loch in die Krume von jedem Stück drücken und das Brot auf dem Grill aufbacken. Das Kachelfleisch von beiden Seiten direkt grillen. Die Speckstreifen grillen, bis sie kross sind.

3. Das Kachelfleisch vom Grill nehmen, in dicke Streifen oder Stücke schneiden und auf vier Tellern oder Brotzeitbrettern anrichten. Die Baguettestücke aufrecht daneben hinstellen und die Erbsensuppe mit dem iSi in die zuvor geformten Löcher füllen. Die Brote und das Fleisch mit den Speckstreifen und dem Thymian garnieren.

SCHWEINEFILET
MIT LARDO-KAROTTEN

2 Schweinefilets ohne Kopf
10 g Activa EB (Trans-
glutaminasepulver)
8 große Karotten
8–16 Streifen Lardo
(ersatzweise fetter Speck)
Salz
frisch gemahlener Pfeffer

FÜR DAS
KARTOFFELPÜREE
800 g mehligkochende
Kartoffeln
Salz
250 ml Milch
20 g Butter
frisch gemahlener Pfeffer
Muskatnuss, frisch gerieben
1 Prise scharfes Paprikapulver

WIRKZEIT DER TRANSGLUTA-
MINASE: 12 STUNDEN

ZUBEREITUNG: 1 STUNDE

FÜR 4 PERSONEN
ALS HAUPTGERICHT

ZUBEREITUNG

1. Am Vortag die Schweinefilets parieren und mit Küchenpapier trocken tupfen. Das Activa in eine Schüssel geben und unter ständigem Rühren mit einem Schneebesen 60 ml eiskaltes Wasser dazugießen. Die beiden Schweinefilets mit der Lösung bestreichen und dann so übereinanderlegen, dass jeweils das dicke Ende auf dem dünnen Ende liegt. Das Fleisch vakuumieren oder fest in Frischhaltefolie wickeln und für mindestens 12 Stunden in den 4 °C kalten Kühlschrank legen.

2. Am nächsten Tag für das Kartoffelpüree die Kartoffeln schälen, in gesalzenem Wasser (16–20 g Salz pro Liter) weich kochen, abgießen und zerstampfen oder durch die Kartoffelpresse drücken. Die Milch mit der Butter erwärmen und unter die Kartoffeln ziehen. Das Püree mit Salz, Pfeffer, Paprikapulver und Muskatnuss abschmecken und zugedeckt warm stellen.

3. Die Karotten der Länge nach vorsichtig einschneiden und das Innere der Karotten freilegen. Der Kern ist der süßeste Teil der Karotte. Jeden Kern mit ein bis zwei Lardostreifen umwickeln und indirekt 40 Minuten bei etwa 100 °C grillen.

4. Das Schweinefilet aus der Folie wickeln oder aus dem Beutel nehmen und ebenfalls bei 100 °C etwa 40 Minuten indirekt grillen, bis es eine Kerntemperatur von 58 °C hat. Die Karotten und das Filet vom Grill nehmen. Das Fleisch in Alufolie wickeln und warm stellen.

5. Den Grill auf maximale Hitze hochheizen. Das Filet auf den Rost legen und kurz, zweimal 20 Sekunden pro Seite, grillen, bis sich das typische Grillmuster und damit auch Röstaromen gebildet haben. (Wer einen Grill mit Sizzle Zone von Napoleon besitzt, kann das Fleisch aus dem Garraum nehmen und auf der Sizzle Zone fertig grillen.) Das Filet in dicke Scheiben schneiden und zusammen mit den Karotten und Kartoffelpüree auf Tellern anrichten.

SCHON GEWUSST?

Durch das »Zusammenkleben« der Filets mit Transglutaminase, hat das Fleisch durchgehend die gleiche Dicke und damit bei einer optimalen Zubereitung an jeder Stelle den gleichen Gargrad. Auch kann man das Filet von vorn bis hinten in gleich große Stücke schneiden. Und das Schönste ist: Man sieht nicht, dass es zwei Fleischstücke waren. Beim Anschneiden sehen Sie weder eine Naht noch andere Hinweise, dass zwei Filets zusammengefügt wurden.

Lardo ist eine typische Spezialität Italiens. Er kommt aus der Region um Carrara, die für ihre Marmorsteinbrüche weltbekannt ist. Lardo ist – im Gegensatz zu bei uns handelsüblichem Speck, der aus dem Bauch gewonnen wird – der etwa 5 cm dicke, feste Rückenspeck vom italienischen Landschwein. Lardo ruht während der Reifung drei bis sechs Monate in einer Marmorwanne, umgeben von einer mit Kräutern gewürz- en Salzlake und abgedeckt mit einer Marmorplatte. Der bekannteste Vertreter ist Lardo di Colonnata.

RIND

FLANKSTEAK

SHORT RIBS

BURGER

TAFELSPITZ

TXULETÓN

ROASTBEEF

ENTRECÔTE

MARKKNOCHEN

CARPACCIO

SUYA

BISONROASTBEEF

SKIRTSTEAK

RINDFLEISCH

Das Rind ist neben dem Schwein das erste Tier, das der Mensch domestiziert hat, damit es ihn als Arbeitstier sowie als Fleisch- und Milchlieferant begleitet.

Heute hat das Rind bei uns seine Bedeutung als Arbeitstier verloren und dient fast ausschließlich als Fleisch- und Milchlieferant. Dabei setzt man vermehrt auf Rassen, die aufgrund ihrer Genetik zur Fleischproduktion geeignet sind. Dazu zählen Black Angus, Hereford, Limousin, Charolais, Simmentaler, Wagyū und der Weißblaue Belgier, um nur einige zu nennen. Das Chianina- Rind, die größte Rinderrasse der Welt, ist ein typisches Beispiel, wie sich aus einem Arbeitsrind über die Jahre eine reine Fleischrasse entwickelt hat. Sein Porterhouse-Steak ist bekannt als Bistecca alla fiorentina.

WORAN ERKENNE ICH EIN GUTES STÜCK FLEISCH?

Ich werde oft gefragt, was ein gutes Stück Rindfleisch ausmacht. Da gibt es wichtige Kriterien:

1. Die Genetik: Sie bestimmt, ob das Rind eher zur Fleischproduktion oder als Milchlieferant geeignet ist. Der Anteil der Muskelmasse und die Veranlagung zum Einlagern von intramuskulärem Fett sind genetisch festgelegt.

2. Die Fütterung: Das Futter des Tiers schlägt sich im Fleisch nieder. Über Geschmack lässt sich zwar streiten, aber wichtig ist eine artgerechte Fütterung und dass das natürliche Fressverhalten des Tiers unterstützt wird. Aus wirtschaftlichen Gründen entscheiden sich viele Züchter zur Intensivmast, verbunden mit eingeschränkter Bewegungsfreiheit für die Tiere. Gute Züchter mästen nur wenige Tage vor der Schlachtung.

3. Das Schlachtalter: Es ist für die Züchter von hoher wirtschaftlicher Bedeutung: Ein Tier, das früh geschlachtet wird, bringt schnell Geld, muss nicht mehr gefüttert werden und räumt seinen Platz im Stall. Jedoch ist für die Fleischqualität wichtig, wie zart und marmoriert das Fleisch ist. Dafür muss das Tier mindestens zwei Jahre alt

sein. Zudem wissen Fleischkenner: Jungtiere haben nicht den Fleischgeschmack ausgewachsener Rinder. Das ist der Zwiespalt zwischen wirtschaftlichen Interessen und Geschmack.

4. Das Geschlecht: Ich ziehe eine Färse (eine Kuh, die noch nicht gekalbt hat) einem Jungbullen gleichen Alters vor. Die Färse lagert mehr intramuskuläres Fett ein als der Bulle.

5. Die Reifung: Nach der Schlachtung muss das Fleisch abhängen, damit Enzyme die Eiweißstruktur aufbrechen und das Fleisch zarter und aromatischer wird. Ideal sind 30 Tage, mindestens aber 21. Aus wirtschaftlichen Gründen ist diese Zeit aber häufig kürzer, denn Fleisch, das am Haken hängt, bringt kein Geld. Im Gegenteil: Es verliert Wasser und somit Gewicht (siehe Seite 22, Dry Aging/ Wet Aging).

6. Die Weiterverarbeitung: Ideal wäre es, das Fleisch am Punkt der perfekten Reifung sofort zu verzehren. Dies ist leider selten praktizierbar. Also wird das Fleisch schockgefrostet, damit es sein Reifestadium beibehält. Oder es wird vor der optimalen Reifung vakuumiert und eingelagert. Das Fleisch reift dann im Vakuumbeutel langsam weiter. Bis weit in die 1950er-Jahre war es üblich, dass das Fleisch in der Fleischerei abgehangen wurde und dann meist am Stück über die Ladentheke ging. Ende der 50er-Jahre setzte sich das Vakuumierverfahren durch und brachte viele Vorteile für die Lagerung.

HILFREICHE TIPPS FÜR DEN EINKAUF

Nun weiß ich dies alles, aber wenn ich im Lebensmitteleinzelhandel an der Fleischtheke oder vorm Kühlregal stehe, steht dort nichts von Genetik, Fütterung und Schlachtalter. Wenn man Glück hat, kann man noch die Rasse und das Geschlecht erkennen. Oder es ist ein QR-Code auf der Verpackung. Wenn ich den mit dem Smartphone einscanne, verrät mir das Internet, wo das Fleisch herkommt, welche grünen Wiesen das Rind aus dem Stallfenster gesehen hat und ob der Bauer in der 4. Klasse sitzengeblieben ist – Spaß beiseite, dafür ist das Thema zu ernst.

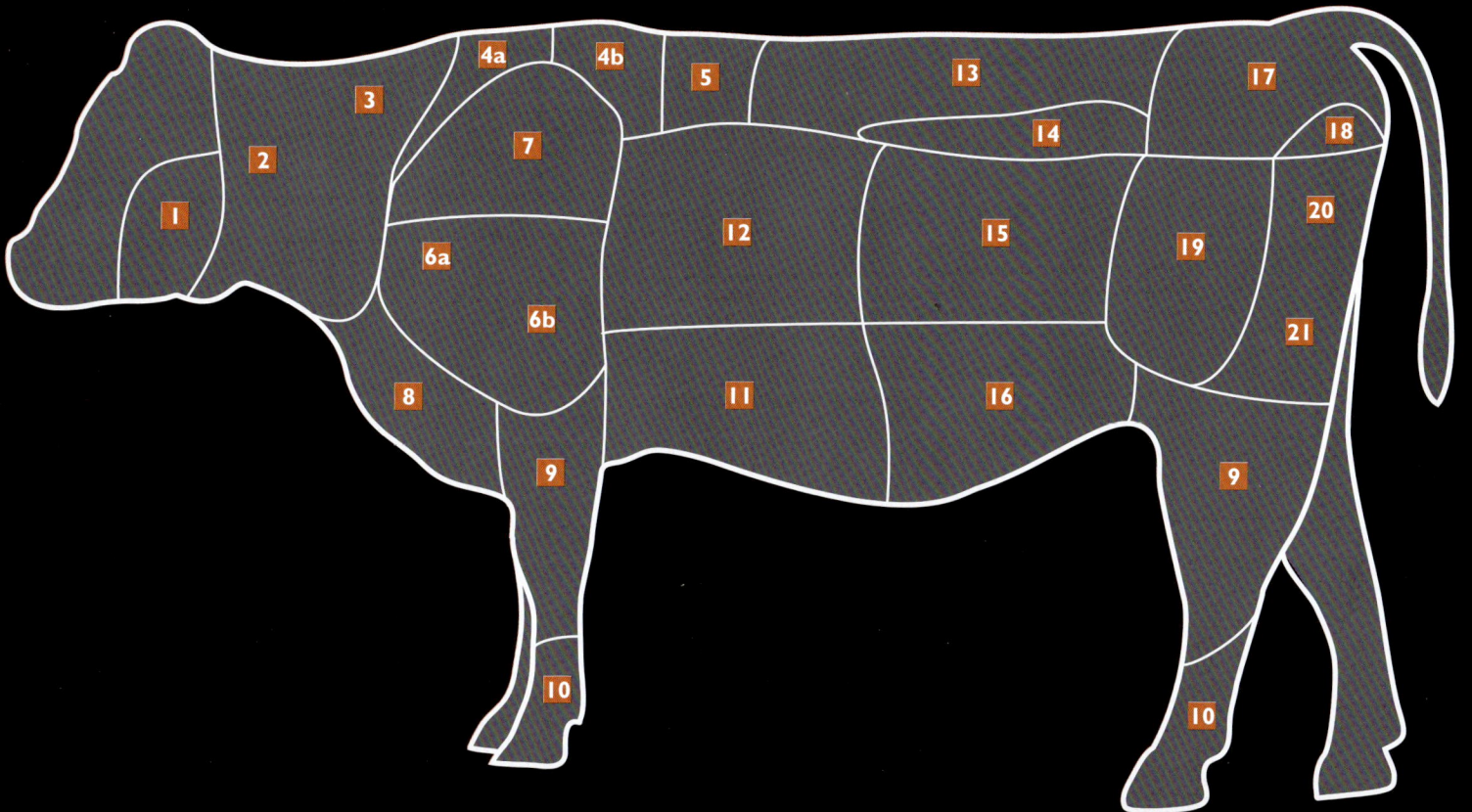

Kurz gesagt: Aus meiner Erfahrung gibt es keine 100-prozentige Geschmacksgarantie, sondern immer nur eine Empfehlung. Denn angeboten wird das Fleisch von Tieren der verschiedensten Rassen, die unter unterschiedlichen Zuchtmethoden und Fütterungen aufgewachsen sind. Also: »Suchen Sie sich eine Fleischerei, bei der Sie schon beim Betreten des Ladens ein gutes Gefühl haben. Die Fleischtheke sollte gut sortiert sein, und das Verkaufspersonal sollte Kompetenz ausstrahlen. Dort können Sie fragen, von welcher Rinderrasse das Fleisch stammt, und wo es herkommt. War es ein Jungbulle oder eine Färse? Dann schauen Sie sich das Fleisch an: Marmorierung, Fettabdeckung und Farbe. Und zum Schluss hilft dann nur: Kaufen Sie ein Stück, bereiten Sie es auf dem Grill optimal zu und probieren Sie es.«

Allen professionellen Fleischeinkäufern empfehle ich, mit den Lieferanten im Gespräch zu bleiben und sich stets über die aktuelle Marktsituation auf dem Laufenden zu halten. Ganz wichtig ist der Erfahrungsaustausch mit Kollegen. Denn letztendlich entscheidet das, was auf dem Teller liegt, ob der Gast wiederkommt.

Die Tierschemata und -schnitte sind auf die Bedürfnisse und Rezepte in diesem Buch abgestimmt. Vermeintlich fehlende Bezeichnungen wurden aus Gründen der Übersichtlichkeit weggelassen.

1 Backe
2 Nacken
3 Kamm, Halsgrat
4a Fehlrippe
4b Hohe Rippe
5 Hochrippe
6a Falsches Filet
6b Dickes Bugstück
7 Schulter
8 Brust
9 Hesse / Wade
10 Fuß
11 Brustkern
12 Querrippe
13 Roastbeef
14 Filet
15 Rippe / Lappen
16 Bauchlappen
17 Steakhüfte
18 Tafelspitz
19 Kugel / Nuss / Bürgermeisterstück
20 Oberschale
21 Unterschale, Schwanzschale

FLANKSTEAK
MIT KARTOFFELN
À LA RYAN

ZUBEREITUNG: 1 STUNDE

FÜR 4 PERSONEN
ALS HAUPTGERICHT

4 große Ofenkartoffeln
1 EL Olivenöl
½ TL Salz
¼ TL frisch gemahlener
schwarzer Pfeffer
200 g Parmesan, frisch
gerieben
1 TL fein geschnittener
Thymian
1 TL fein geschnittener
Rosmarin
¼ TL geräuchertes Paprika-
pulver oder Piment d'Espelette

1 Knoblauchzehe, gerieben
50 g Butter
12 Schalotten
1 Flanksteak

SCHON GEWUSST?

Das Flanksteak ist auch unter dem Namen kleine Bavette bekannt. Das flache, leicht marmorierte Stück aus dem Bereich zwischen Keule und Bauch ist 600–800 g schwer, etwa 30 cm lang, 15 cm breit und 3 cm hoch. Ursprünglich gab es den Schnitt nur in den USA, Kanada und Australien, aber mittlerweile gibt es Flanksteak auch von Tieren aus deutscher Zucht.

ZUBEREITUNG

1. Die Kartoffeln quer mehrere Male so tief einschneiden (nicht durchschneiden), dass sie sich auffächern lassen. Olivenöl, Salz, Pfeffer, Parmesan, Thymian, Rosmarin, Paprikapulver und Knoblauch verrühren. Die Mischung und jeweils 1 TL Butter mithilfe eines Teelöffels zwischen den Kartoffelscheiben verteilen und jede Kartoffel in Alufolie wickeln. Die Kartoffeln auf dem heißen, geschlossenen Grill 40 Minuten bei etwa 180 °C indirekt garen.

2. Die ungeschälten Schalotten zu den Kartoffeln auf den Grill legen und 10–15 Minuten indirekt grillen, bis sie weich sind. Die Schalotten vom Grill nehmen, am Wurzelende etwa 1 cm abschneiden und je drei Schalotten aus der Schale auf einen Teller drücken.

3. Das Flanksteak direkt bei hoher Temperatur unter mehrmaligem Wenden grillen, bis ein ausgeprägtes Grillmuster zu sehen ist. Das Steak dann bei etwa 100 °C indirekter Hitze weitergrillen, mit einem Kerntemperaturthermometer versehen und ziehen lassen, bis es 57 °C Kerntemperatur (Garstufe medium) erreicht hat.

4. Das Steak in dicke Streifen schneiden und mit den Schalotten und den Kartoffeln auf Tellern anrichten. Die Kartoffeln nach Belieben mit weiterem frisch geriebenem Parmesan bestreuen.

SHORT RIBS

1 kg Rinderrippen
1 Apfel
100 g BBQ-Rub
(BBQ-Gewürz)
2 TL frische Thymianblättchen
3 Zweige Rosmarin
2 EL Butter
200 ml BBQ-Sauce

SOUS-VIDE-GAREN (68 °C):
12 STUNDEN

ZUBEREITUNG:
1 STUNDE 30 MINUTEN

FÜR 4 PERSONEN
ALS HAUPTGERICHT

ZUBEREITUNG

1. Die Rippen parieren und die Knochenhaut entfernen. Den Apfel vom Kern-gehäuse befreien und in Scheiben schneiden.

2. Die Rippen von beiden Seiten mit dem Grillgewürz großzügig einreiben. Mit dem Thymian, dem Rosmarin, den Apfelscheiben und der Butter in einen Sous-vide-Beutel geben. Den Kochbeutel vakuumieren oder die Luft aus dem Beutel herausdrücken (siehe Seite 28–29). Ein Wasserbad auf 68 °C vorheizen und das Fleisch im Beutel 12 Stunden sous-vide garen.

3. Die fertig gegarten Rippen aus dem Kochbeutel nehmen. Die Garflüssigkeit auffangen und mit der BBQ-Sauce verrühren.

4. Den Grill mit Räucherbeutel (siehe Seite 17) ausstatten und die Rinderrip-pen 1 Stunde bei maximal 100 °C auf dem Grill räuchern. Währenddessen regelmäßig mit der BBQ-Sauce bestreichen.

RUMMEL-BURGER

RUHEN: 3 STUNDEN

ZUBEREITUNG:
30 MINUTEN

ERGIBT VIER BURGER

300 g Salz
300 g Zucker
4 Eier
600 g Rinderhackfleisch
1 EL Grillgewürz Rind
(beispielsweise von
Napoleon)
3 EL süße Chilisauce
1 TL Senf
4 Burgerbrötchen
Belag nach Wunsch

ZUBEREITUNG

1. Das Salz und den Zucker in einer Schale mischen. Ein Ei aufschlagen, Eigelb und Eiweiß trennen und das Eigelb in die Schale geben, sodass es komplett von der Salz-Zucker-Mischung umschlossen ist. Auf diese Art sämtliche Eigelb mit der Salz-Zucker-Mischung umhüllen. Die Schale mit dem Eigelb für 3 Stunden beiseitestellen.

2. Die Salz-Zucker-Schale unter fließendes Wasser halten und jedes Eigelb ganz vorsichtig abspülen.

3. Das Hackfleisch mit dem Grillgewürz, der Chilisauce und dem Senf würzen und mindestens 5 Minuten durchkneten. Die Hackfleischmasse auf Frischhaltefolie etwa 2 cm dick verstreichen oder mit dem Nudelholz ausrollen. Dann mit einem Ring (im Durchmesser 20 Prozent größer als die Brötchen) Fleischpatties ausstechen.

4. In die Mitte eines jeden Patties eine Mulde drücken, das Eigelb vorsichtig hineinsetzen, mit etwas Hackfleischmasse abdecken und diese sachte andrücken.

5. Die mit Eigelb gefüllten Patties unter mehrfachem Wenden 10 Minuten grillen. Am besten das Fleisch medium grillen, dann ist das Eigelb in der Mitte noch flüssig. Die gegrillten Patties auf die Unterseiten der Burgerbrötchen legen, diese mit weiteren Zutaten ganz nach persönlichem Geschmack anreichern und den Brötchendeckel aufsetzen.

SQUARE-BURGER

ZUBEREITUNG:
30 MINUTEN

ERGIBT 4 BURGER

Gussplatte

1 Gemüsezwiebel
200 ml Rinderbraten-
sauce
200 g Cheddar, frisch
gerieben
8 Scheiben Sandwich-
toast
500 g Rinderhüfte
Salz
frisch gemahlener Pfeffer

ZUBEREITUNG

1. Die Zwiebel schälen, in dünne Ringe schneiden und auf der Gussplatte goldgelb braten. Gleichzeitig die Bratensauce auf dem Grill in einer flachen Aluschale erwärmen.

2. Die Zwiebel und den Cheddar gleichmäßig auf vier Scheiben Toast verteilen und die anderen vier Brotscheiben darauflegen. Die Toasts 10–15 Minuten indirekt unter mehrfachem Wenden bei etwa 180 °C grillen, bis sie braun und kross sind und der Käse geschmolzen ist. Die Toasts warm stellen.

3. Die Hüfte in 3 mm dünne Scheiben schneiden und von beiden Seiten kurz und bei hoher Hitze direkt angrillen.

4. Die Toasts aufklappen, das Fleisch hineingeben und mit Salz und Pfeffer würzen. Die Toasts wieder zuklappen und von beiden Seiten für 5 Sekunden in die Bratensauce tunken, sodass sich die Brote vollsaugen, aber nicht matschig werden.

TIPP

Wenn vom Sonntagsbraten ein Rest Bratensauce übrig ist, diesen einfrieren und für die Square-Burger nutzen.

UMAMI-BURGER

VORBEREITUNG: 4 STUNDEN

ZUBEREITUNG: 20 MINUTEN

ERGIBT 4 BURGER

4 Ochsenherztomaten
1 EL Rohrzucker
1 EL Tomatenmark
½ TL Misopaste
½ TL Worcestersauce
4 große Gemüsezwiebeln
Salz
60 g Butter
½ TL gemahlener Kümmel
1,2 kg Rinderhack
(etwa 20 % Fett)
frisch gemahlener Pfeffer
1 EL Senf
2 EL frisch geriebener Parmesan
4 Scheiben Chester
150 g Shiitakepilze ohne Stiel

Olivenöl
4 Burgerbrötchen

FÜR DAS UMAMI-KETCHUP
1 Gemüsezwiebel
3 EL Olivenöl
1 l passierte Tomaten
1 EL Tomatenmark
50 g Rohrzucker
3 EL Rotweinessig
2 Sardellenfilets
1 TL Worcestersauce
1 TL Misopaste
1 TL Salz
½ rote Chilischote, fein gewürfelt

ZUBEREITUNG

1. Von den Tomaten oben und unten jeweils einen 1–2 cm dicken Deckel abschneiden. Rohrzucker, Tomatenmark, Misopaste und Worcestersauce in einem Topf leicht erwärmen, bis der Zucker geschmolzen ist. Die Tomaten mit der Mischung von beiden Seiten bestreichen und auf einen Backrost legen. Den Rost auf ein Backblech stellen und in den Backofen schieben. Die Ofentür einen Spalt breit öffnen und den Ofen auf 60 °C Umluft schalten. Die Tomaten trocknen, bis sie noch maximal 2 cm hoch sind. Das dauert etwa 4 Stunden.

2. Für das Ketchup die Zwiebel schälen und würfeln. In Olivenöl bei mittlerer Hitze 6 Minuten anschwitzen. Die restlichen Zutaten dazugeben und etwa 1 Stunde köcheln lassen, bis es etwas eingedickt ist. Pürieren und zum Abkühlen den Topf in kaltes Wasser stellen, dabei gelegentlich rühren.

3. Die Zwiebeln in Scheiben schneiden und mit ½ TL Salz bestreuen. Eine Pfanne erhitzen und 20 g Butter hineingeben. Die Zwiebelscheiben ausdrücken, in die Pfanne geben und leicht bräunen. Den Kümmel hinzufügen und unterrühren. Die Hitze reduzieren und die Zwiebeln 20 Minuten garen.

4. Das Rinderhack in eine Schüssel geben und mit Salz, Pfeffer und dem Senf würzen. Den Parmesan zufügen und alles kräftig verkneten. Aus der Masse vier Patties formen und diese etwa 20 Minuten bei 120 °C indirekt grillen. Dann weitere 5 Minuten direkt grillen, dabei alle 20 Sekunden wenden. Auf jeden Pattie eine Scheibe Cheddar legen und schmelzen lassen.

5. Die Pilze putzen, salzen und pfeffern. 10 g Butter in einer Aluschale zerlassen und die Pilze in der heißen Butter goldbraun braten. Die Brötchen halbieren. Die Schnittflächen mit der restlichen Butter bestreichen, leicht rösten und mit je 1 TL Ketchup bestreichen. Die unteren Hälften der Burger mit den Patties, Zwiebeln, Pilzen und Tomaten belegen und die Deckel aufsetzen.

TAFELSPITZ
MIT HEUKARTOFFELN UND GRÜNER SAUCE

Wiesenheu (Tierfutter)

8 mittelgroße Kartoffeln
4 Eier
1 Tafelspitz (etwa 800 g)
3 EL BBQ-Gewürz
Salz
frisch gemahlener Pfeffer

FÜR DIE GRÜNE SAUCE
200 g Kräuter (zu gleichen Teilen Borretsch, Kerbel, Kresse, Petersilie, Pimpinell, Sauerampfer und Schnittlauch)
200 g Sauerrahm
800 g Joghurt
1 TL Zucker
1 TL Senf
1 TL Salz

ZUBEREITUNG: 1 STUNDE

FÜR 4 PERSONEN
ALS HAUPTGERICHT

ZUBEREITUNG

1. Für die Grüne Sauce die Kräuterblätter von den Stielen zupfen, fein hacken und mit den restlichen Zutaten vermischen.

2. Den Holzkohlegrill so anheizen, dass die Kohlen rechts und links liegen und in der Mitte ein 20–30 cm breiter Streifen frei bleibt – am besten Kohlekörbe verwenden. Auf dem Streifen in der Mitte etwa drei Handvoll trockenes Heu verteilen.

3. Drei Handvoll Heu in einer Schüssel anfeuchten und die Hälfte davon auf dem trockenen Heu verteilen. Die Kartoffeln und die Eier darauflegen, das restliche feuchte Heu darüber verteilen und andrücken. Den Rost auf den Grill legen.

4. Den Tafelspitz mit BBQ-Gewürz kräftig einreiben und für indirektes Grillen auf dem Rost platzieren. Den Deckel schließen und alles etwa 45 Minuten garen. Das trockene Heu fängt an zu glimmen und rauchen und räuchert den Tafelspitz, während das feuchte Heu die Kartoffeln und Eier vor dem Feuer schützt und sie gleichmäßig garen lässt. Der Grill sollte nicht heißer als 150 °C werden. Die Temperatur im Fleisch mit dem Kerntemperaturthermometer kontrollieren. Sie sollte nicht über 60 °C liegen.

5. Nach etwa 45 Minuten den Tafelspitz vom Grill nehmen. Den Rost abnehmen. Vorsichtig die Eier und Kartoffeln aus der Heuasche heben. Alles auf einem Teller anrichten und die Grüne Sauce dazu reichen.

TXULETÓN
BY IMANOL

ZUBEREITUNG:
1 STUNDE 15 MINUTEN

FÜR 4 PERSONEN
ALS HAUPTGERICHT

**1 kg Txuletón (Fleisch von der
12–18 Jahre alten Milchkuh)
Meersalz
Pfeffer
3 EL Olivenöl**

ZUBEREITUNG

1. Den Grill auf maximal 100 °C vorheizen und das Fleisch indirekt grillen, bis es eine Kerntemperatur von 53 °C erreicht hat.

2. Das Txuletón vom Grill nehmen, in Alufolie wickeln und warm stellen. Den Grill auf maximale Hitze hochheizen. Das Steak wieder auf den Grill legen und auf jeder Seite etwa 20 Sekunden grillen, bis sich ein Grillmuster gebildet hat. Dadurch bekommt das Fleisch Röstaromen. (Wer einen Grill mit Sizzle Zone von Napoleon besitzt, kann das Fleisch aus dem Garraum nehmen und sofort auf der Sizzle Zone fertig grillen.)

3. Das Fleisch vom Grill nehmen, vom Knochen trennen, in fingerdicke Scheiben schneiden, mit Salz, Pfeffer und Olivenöl würzen und servieren.

SCHON GEWUSST?

Txuletón hat eine hohe Fettauflage und ist stark marmoriert. Das Fett ist gelblich und schmilzt in der Hand. Sein Duft ist leicht milchig und erinnert an Heu. Das erste Mal habe ich dieses Fleisch im Jahr 2011 auf der Ernährungsmesse Anuga am Stand des Importeurs Enólogos probiert. Dort traf ich auch den Basken Imanol Jaca, dessen Firma Txogitxu das Fleisch in der Nähe von San Sebastian zerlegt und reift.

Er erzählte, dass er nach Fleisch von zwölf bis 18 Jahren alten Tieren sucht, die bestes Futter bekommen haben und dadurch recht fett geworden sind. Mittlerweile hat Imanol europaweit Händler, die, wenn sie eine alte, fette Kuh am Haken haben, an ihn denken und ihm das Fleisch schicken. Er ist einer der wenigen, denen das Fett im Fleisch wichtig ist und die dafür bezahlen.

Normalerweise werden Rinder im Alter von zwei bis drei Jahren geschlachtet, denn sie werden nur so lange gefüttert, wie sie Fleisch zulegen. Im Gegensatz dazu stehen Milchkühe oft jahrelang auf der Weide und werden fett. Wenn diese Tiere mit zwölf bis 18 Jahren geschlachtet werden, hat der Handel kein Interesse an dem Fleisch, da die meisten Konsumenten fettes Fleisch ablehnen. Nur wenige Mitteleuropäer können sich vorstellen, Fleisch mit gelblicher Fettschicht zu essen. Auch ich war anfangs sehr skeptisch, aber der Fleischgeschmack, vor allem auch der des rohen Fleischs, hat mich begeistert.

Vor Kurzem hatte ich die Gelegenheit, in Süddeutschland einen großen Rinder-Schlacht- und Zerlegebetrieb zu besuchen. Auch dort stieß ich auf ein Fleisch solcher Qualität. Auf die Frage an einen Mitarbeiter, wo es herkommt, scannte er die mitlaufende Nummer an der Kuh (die von der Ohrmarke stammt) und nannte mir einen kleinen Bauernhof im Allgäu, der regelmäßig ältere Kühe aus der Milchproduktion anliefert. Die Antwort auf meine Frage, wo denn das Fleisch hingeht, stimmte mich sehr nachdenklich: »Das geile Fleisch werden wir in Deutschland nicht los, das will mit dieser gelblichen Fettauflage keiner haben. Die meisten wollen nur das magere Jungbullenfleisch. Das Fleisch geht nach Spanien, Portugal und Frankreich, die wissen das zu schätzen.«

CHIANINA BISTECCA DI RAZZA

ZUBEREITUNG:
1 STUNDE 15 MINUTEN

FÜR 4 PERSONEN
ALS VORSPEISE

1 kg Roastbeef mit Knochen
(Chianina Bistecca di Razza)
12 dünne Scheiben Weißbrot
2 Knoblauchzehen, halbiert
4 Tomaten, halbiert
frisch gemahlener Pfeffer
Meersalz
3 EL Olivenöl

SCHON GEWUSST?

Chianina-Rinder leben in der Toskana. Sie sind die größte Rinderrasse der Welt – ein Bulle kann schon mal 1,5 t wiegen. Das Fleisch der früher zur Feldarbeit herangezogenen Tiere ist nicht so zart wie das anderer Fleischrassen, und auch der Fleischgeschmack ist nicht unbedingt herausragend. Aber bei vielen Fleischliebhabern kommt es manchmal eben einfach auf die Größe an. So kann das berühmte *bistecca alla fiorentina*, ein Porterhouse-Steak, das sowohl aus Roastbeef als auch aus Filet besteht, schon einmal 1,6 kg wiegen – im Gegensatz zu einem normalen Porterhouse, das, je nach Schnitt, 600–800 g schwer ist. Ich war selbst schon dort, und die Größe der Tiere hat mich beeindruckt.

ZUBEREITUNG

1. Den Grill auf maximal 100 °C vorheizen und das Fleisch indirekt grillen, bis es eine Kerntemperatur von 53 °C erreicht hat.

2. Das Fleisch vom Grill nehmen, in Alufolie wickeln und warm stellen. Die Brotscheiben auf dem Grill anrösten und herunternehmen.

3. Den Grill auf maximale Hitze hochheizen. Das Fleisch wieder auf den Grill legen und auf beiden Seiten nur kurz, etwa zweimal 20 Sekunden pro Seite, grillen, bis sich Grillstreifen sprich Röstaromen gebildet haben. Das Roastbeef 5 Minuten ruhen lassen. (Wer einen Grill mit Sizzle Zone von Napoleon besitzt, kann das Fleisch aus dem Garraum nehmen und dann auf der Sizzle Zone fertig grillen.)

4. Mit den Schnittflächen von Knoblauch und Tomaten über die gerösteten Weißbrote reiben.

5. Das Fleisch vom Knochen trennen, in fingerdicke Scheiben schneiden und auf den Broten verteilen. Die Brote mit Salz, Pfeffer und Olivenöl würzen und servieren.

ENTRECÔTE
MIT MAISTRILOGIE

ZUBEREITUNG: 1 STUNDE

FÜR 4 PERSONEN
ALS HAUPTGERICHT

2 EL Popcornmais
4 Kolben Zuckermais (vorgekocht)
2 EL weiche Butter
Salz
frisch gemahlener Pfeffer
1 EL Sojasauce
2 Entrecôte
1 Knoblauchzehe
abgeriebene Schale von
1 unbehandelten Zitrone
1 TL Rosmarin, fein geschnitten
Fleur de Sel

SCHON GEWUSST?

Um das Steak möglichst saftig zu halten, wird es im Inneren der Grillkammer bei etwa 100 °C auf eine Kerntemperatur von 55 °C erwärmt und dann auf der Infrarotzone (Sizzle Zone) des Napoleon-Grills fertig gegrillt. An der Sizzle Zone herrschen Temperaturen von 800–1000 °C, die dem Fleisch eine Kruste, Röstaromen und ein schönes Branding verleihen. Alternativ kann man das auf 55 °C erwärmte Fleisch vom Grill nehmen, in Alufolie wickeln und warm stellen. Dann den Grill auf möglichst hohe Temperatur heizen, das Fleisch darauflegen und nur noch mit einem Branding versehen.

ZUBEREITUNG

1. Den Popcornmais in eine Aluschale geben und mit Alufolie abdecken. Die Schale direkt auf den Grill stellen und warten, bis die Körner aufplatzen; vom Grill nehmen.

2. Währenddessen die Maiskolben grillen, bis sie ein wenig Farbe nehmen. Von zwei Kolben die Körner abschneiden, mit der Butter pürieren und mit Salz, Pfeffer und der Sojasauce abschmecken. Vom restlichen Mais vorsichtig die Körner in Segmenten abschneiden, sodass sie noch aneinanderhängen.

3. Die Steaks im Inneren der Grillkammer bei etwa 100 °C auf eine Kerntemperatur von 55 °C bringen, das dauert etwa 45 Minuten, und dann kurz auf der Infrarotzone (Sizzle Zone) fertig grillen. Inzwischen vier Teller vorwärmen.

4. Die Knoblauchzehe kräftig zerdrücken und den austretenden Saft auf die vorgewärmten Teller streichen. Zuerst die Zitronenschale und dann den Rosmarin sowie eine Prise Pfeffer darüberstreuen.

5. Die Steaks gegen die Faser tranchieren und vier bis fünf Scheiben auf jeden Teller geben. Wer mag, kann die Steaks auch einfach nur halbieren. Etwas Popcorn auf jedem Teller verteilen, einen Klecks Maispüree und Maissegmente dazugeben und mit Fleur de Sel salzen.

RINDERMARK-KNOCHEN
MIT PARMESAN

I Rinderröhrenknochen (bitten Sie Ihren Fleischer, die Gelenkköpfe zu entfernen und den Knochen längs zu halbieren)
100 g Parmesan, frisch gerieben
I Knoblauchknolle
200 g gesalzene Butter
10 Brennnesselblätter
4 große Scheiben Sauerteigbrot

I EL fein gehacktes Koriandergrün
I EL fein gehackte glatte Petersilie
abgeriebene Schale von I unbehandelten Zitrone
Salz
frisch gemahlener Pfeffer

ZUBEREITUNG: 50 MINUTEN

FÜR 4 PERSONEN
ALS VORSPEISE

ZUBEREITUNG

1. Die Knocheninnenseiten großzügig mit Parmesan bestreuen und diesen andrücken. Beide Knochenhälften aufrecht auf den Grill stellen und 20 Minuten bei 180 °C indirekt grillen.

2. Die Knoblauchknolle ebenfalls auf den Grill legen und etwa 30 Minuten indirekt grillen, bis sie weich ist. Die Butter in einer Aluschale mit auf den Grill stellen und heiß werden lassen. Die Brennnesselblätter hineingeben und in der Butter braten. Das Brot auf dem Grill rösten.

3. Die weiche Knoblauchknolle vom Grill nehmen und das Wurzelende dünn abschneiden. Den weichen Knoblauch aus der Schale drücken und mit dem Koriandergrün, der Petersilie und der Hälfte der Zitronenschale verrühren; mit Salz und Pfeffer abschmecken.

4. Das geröstete Brot mit dem warmen Knochenmark und der Knoblauchcreme bestreichen, mit den gebratenen Brennnesselblättern garnieren und servieren. Oder alternativ die Knochen mit dem gerösteten Brot, der Knoblauchcreme und den Brennnesselblättern auf einer Platte anrichten, sodass jeder selbst sein Brot mit Mark und Creme bestreichen kann.

CARPACCIO
MIT MOZZARELLA-CREME

VORBEREITUNG: 1 STUNDE

ZUBEREITUNG: 20 MINUTEN

FÜR 4 PERSONEN
ALS VORSPEISE

200 g Mozzarella
100 g Ricotta
10–15 Basilikumblätter, in feine Streifen geschnitten
Salz
frisch gemahlener Pfeffer
400 g Roastbeef oder Rinderfilet
1 Bund Rucola (etwa 100 g)
4 Feigen

1 EL Balsamicoessig
2 EL Olivenöl
100 g Parmesan, in Späne gehobelt
50 g Walnusskerne, gehackt

ZUBEREITUNG

1. Für die Füllung den Mozzarella klein würfeln, mit dem Ricotta und dem Basilikum verrühren und mit Salz und Pfeffer würzen.

2. Das Roastbeef so dünn wie möglich in Scheiben schneiden. Die Scheiben mit einem Messer ausstreichen oder plattieren.

3. Je eine Carpacchioscheibe auf ein Stück Frischhaltefolie legen und mit einem Teelöffel etwas von der Mozzarellacreme mittig daraufgeben. Das Fleisch mithilfe der Folie zu einem Ball formen, die Folienenden verdrehen und die eingewickelten Carpacciobälle für etwa 1 Stunde in den Kühlschrank legen.

4. Währenddessen den Rucola verlesen, waschen und trocken schleudern. Die Feigen in Viertel oder Achtel schneiden. Den Rucola mit dem Essig und Öl vermengen und die Feigenstücke darüber verteilen. Den Salat auf vier Tellern anrichten.

5. Die Folie von dem Fleisch entfernen. Die Carpacciobälle rundherum scharf angrillen auf den Salat setzen, salzen, pfeffern und mit Parmesanspänen und nach Belieben Walnüssen bestreuen.

SUYA
AUF GORGONZOLA-CREME

ZUBEREITUNG: 30 MINUTEN

FÜR 10 PERSONEN
ALS VORSPEISE

20 Holzspieße

500 g Steakhüfte
2 Knoblauchzehen,
fein gewürfelt
2 TL Cayennepfeffer
1 TL Koriander
200 g gesalzene, geröstete
Erdnüsse

1 TL edelsüßes Paprikapulver
1 TL gemahlener Ingwer
100 g Gorgonzola
100 g Crème fraîche
1 TL Sojasauce
2 Gemüsezwiebeln

SCHON GEWUSST?

Suya ist eine nigerianische Würz-
paste mit Erdnüssen und Ingwer.
Traditionell reibt man das Fleisch
damit ein, bevor man es auf Spieße
steckt und grillt. Das Gorgonzola-
aroma in der Käsecreme passt geschmacklich sehr gut dazu. Zudem
mildert die kühle, fetthaltige Käsecreme die Schärfe der Zwiebeln und
des Fleischs.

Wer mag, kann die Holzspieße,
bevor er das Fleisch aufspießt,
etwa 1 Stunde wässern. Dann ist
die Gefahr, dass sie verbrennen,
geringer.

ZUBEREITUNG

1. Das Fleisch in dünne 10–15 cm lange und 3–4 cm breite Streifen schneiden.
   Cayennepfeffer, Koriander, Erdnüsse, Paprika, Ingwer und Knoblauch in einem
   Mörser zu einer Würzmischung verarbeiten. Das Fleisch sorgfältig damit ver-
   mengen und auf 20 Holzspieße fädeln.

2. Die Spieße direkt bei großer Hitze etwa 8 Minuten unter mehrmaligem
   Wenden grillen, bis das Fleisch durch und fast trocken ist. Das Fleisch vom
   Grill nehmen, von den Spießen streifen, auf Küchenpapier legen und das Fett
   ein wenig abtupfen. Anschließend die Streifen in etwa 1 cm große Stücke
   schneiden und warm stellen.

3. Gorgonzola, Crème fraîche und Sojasauce mit einer Gabel oder dem Hand-
   rührgerät zu einer Creme verarbeiten. Die Zwiebeln schälen, in die einzelnen Segmente zerteilen und diese dann in mundgerechte Stücke schneiden.
   Auf jedes Zwiebelstück 1 TL Gorgonzolacreme und 1–2 TL Fleischstücke
   geben, sodass die Zwiebeln als Löffel dienen.

ROASTBEEF
MIT GEGRILLTEN AUSTERNPILZEN

20 gleich große Austernpilze
1 unbehandelte Zitrone
4 EL Olivenöl
2 TL Sojasauce
1 EL süße Chilisauce
Salz
frisch gemahlener Pfeffer
1 Knoblauchzehe, in Scheiben geschnitten
1 Msp. Senf

1 Frühlingszwiebel, in Ringe geschnitten
800 g Roastbeef am Stück mit Fettschicht
6 Zweige Thymian
Koriandergrün zum Garnieren

SOUS-VIDE-GAREN (55 °C) UND MARINIEREN: JEWEILS 1 STUNDE

ZUBEREITUNG: 30 MINUTEN

FÜR 4 PERSONEN ALS HAUPTGERICHT

ZUBEREITUNG

1. Die Pilze für 15 Minuten in eine Schüssel mit warmem Wasser legen. Währenddessen die Zitronenschale abreiben, den Saft auspressen und beides mit dem Olivenöl, der Sojasauce, der Chilisauce, je einer Prise Salz und Pfeffer, dem Knoblauch, dem Senf und der Frühlingszwiebel verrühren.

2. Die Pilze aus dem Wasser nehmen, abtropfen lassen, in die Marinade legen und für 1 Stunde in den Kühlschrank stellen.

3. Wahrenddessen das Roastbeef parieren und den Fettdeckel in kleine Würfel schneiden. Das Fett mit den anderen Abschnitten und dem Thymian in eine Aluschale oder einen Topf geben und auf dem Grill auslassen.

4. Das Fleisch in vier gleich große Steaks schneiden und diese mit dem etwas abgekühlten Fett nebeneinander in einen Sous-vide-Beutel legen. Den Kochbeutel vakuumieren oder die Luft herausdrücken (siehe Seite 28–29). In einem Topf Wasser auf 55 °C erhitzen oder ein Sous-Vide-Gerät verwenden. Den Beutel hineinlegen und das Fleisch darin 1 Stunde sous-vide garen. Das gegarte Fleisch aus dem Beutel nehmen und bei großer Hitze auf den Grill legen, sodass es nur noch ein Branding bekommt.

5. Die Pilze aus der Marinade nehmen und von der Oberseite grillen. Währenddessen mit Marinade betupfen. Die Pilze mit dem Fleisch auf vier Tellern anrichten und mit frisch gehacktem Koriandergrün bestreuen.

BISON-ROASTBEEF
MIT GEBUTTERTEN SÜSSKARTOFFELN

ZUBEREITUNG:
1 STUNDE 15 MINUTEN

FÜR 4 PERSONEN
ALS HAUPTGERICHT

Injektionsspritze

4 Süßkartoffeln
150 g gesalzene Butter
10 Zweige Thymian
200 g Cranberrys (frisch oder tiefgekühlt)
1 TL Butter
2 TL Ahornsirup

frisch gemahlener Pfeffer
1 kg Bisonroastbeef
Salz
4 Maiskolben
1 EL Bone-suckin-BBQ-Gewürz (ersatzweise ein anderes BBQ-Gewürz mit Paprikapulver, Zucker, Pfeffer und Salz)

SCHON GEWUSST?

Heimat der Bisons ist die amerikanische Prärie, wo sie sich von den dort wild wachsenden 180 verschiedenen Kräutern ernähren. Bisons werden bis zu 1,5 t schwer und rennen bei drohender Gefahr bis zu 50 km in der Stunde.

Bisonfleisch schmeckt intensiv und würzig, enthält wenig Fett, aber dafür reichlich Eisen, Zink und Selen. Seine Garzeiten sind wesentlich kürzer als die eines vergleichbaren Rindersteaks; es empfiehlt sich, beim Garen ein Kerntemperaturthermometer zu verwenden. In den meisten Fällen ist auf vorverpackter Ware nicht angegeben, ob das Fleisch von einer Färse oder einem Bullen stammt. Jedoch kommen überwiegend Bullen auf den deutschen Markt, da die weiblichen Tiere für die Zucht genutzt werden.

ZUBEREITUNG

1. Die Süßkartoffeln in Wasser weich kochen oder in Alufolie wickeln und bei 200 °C je nach Größe etwa 1 Stunde grillen, bis sie weich sind. Inzwischen die Butter in einem Topf zerlassen. Den Thymian hineinlegen und etwa 30 Minuten ziehen lassen, damit dieser seine Aromen an das Fett abgibt.

2. Die Cranberrys mit 1 TL Butter in einen Topf oder eine Aluschale geben, etwa 5 Minuten erhitzen und darin schwenken. Dann mit dem Ahornsirup beträufeln und leicht pfeffern.

3. Das Bisonsteak im Inneren der Grillkammer bei etwa 100 °C auf eine Kerntemperatur von 55 °C erwärmen, das dauert etwa 30 Minuten. Anschließend das Steak auf der Infrarotzone (Sizzle Zone) grillen (siehe Seite 76 »Schon gewusst?«). Alternativ das gegarte Fleisch vom Grill nehmen, in Alufolie wickeln und warm stellen. Den Grill möglichst stark erhitzen und das Fleisch kurz drauflegen, bis es schöne Grillstreifen hat; salzen und pfeffern. Die Maiskolben gleichzeitig mit dem Fleisch auf den Grill legen und indirekt grillen. Das BBQ-Gewürz unter die Hälfte der Thymianbutter rühren und die Maiskolben während des Grillens sechs- bis achtmal damit bestreichen.

4. Die weichen Kartoffeln rundherum leicht andrücken. So entstehen in ihrem Inneren kleine Hohlräume. Die restliche Thymianbutter in die warmen Kartoffeln spritzen. Die Schale von den Kartoffeln aufreißen und die Kartoffeln mit dem Fleisch, den Maiskolben und den Cranberrys auf Tellern anrichten.

GEKLEBTES
SKIRTSTEAK

**10 g Activa EB
(Transglutaminasepulver)
2 Skirtsteaks
Salz
frisch gemahlener Pfeffer**

WIRKZEIT DER TRANSGLUTA-
MINASE: 12 STUNDEN

ZUBEREITUNG: 30 MINUTEN

FÜR 4 PERSONEN
ALS HAUPTGERICHT

ZUBEREITUNG

1. Am Vortag die Steaks parieren, mit Küchenpapier trocken tupfen und in der Mitte durchschneiden. Das Activa in eine Schüssel geben und unter ständigem Rühren mit einem Schneebesen 60 ml eiskaltes Wasser dazugießen. Die Steaks mit der Activa-Lösung bestreichen. Nun die vier Stücke gegensätzlich, also das dicke auf das dünne Ende und umgekehrt, übereinanderlegen und vakuumieren oder fest in Frischhaltefolie einwickeln. Das Fleisch für mindestens 12 Stunden in den 4 °C kalten Kühlschrank legen.

2. Am Tag der Zubereitung das Fleisch aus dem Kühlschrank nehmen und aus der Folie wickeln oder aus dem Beutel nehmen. Für etwa 2 Stunden beiseitelegen.

3. Das Fleisch in 3–4 cm breite Streifen schneiden und rückwärts grillen wie beim Entrecôte auf Seite 76 beschrieben. Dann in Scheiben schneiden und servieren.

SCHON GEWUSST?

Das Skirtsteak ist bei uns auch als Saumfleisch bekannt. Es gehört zum Muskelfleisch und befindet sich zwischen Magen und Lunge bzw. Bauch und Brust des Rinds. Das Fleisch weist eine sehr intensive Fettmarmorierung auf und ist daher sehr saftig. Im Biss ist es etwas fester als Stücke vom Rücken, aber höchst geschmackvoll. In der lateinamerikanischen Küche und im Südwesten der USA ist es sehr beliebt und wird dort oft für *fajitas* verwendet. Ein Stück wiegt 300–500 g, ist etwa 50 cm lang, aber nur 2–4 cm dick. Bei diesem Rezept ist die Grundidee, zwei Skirtsteaks zu halbieren, die vier Teile zu einem großen Stück Fleisch zusammenzufügen und dieses anschließend in Scheiben zu schneiden.

LAMMSCHULTER
LAMMBAUCH
KÖFTE
LAMMRÜCKEN
LAMMSPARERIBS

LAMM & WILD

FRISCHLING
REHFILET
REHRÜCKEN
HIRSCH
KANINCHEN
FASANENBRUST

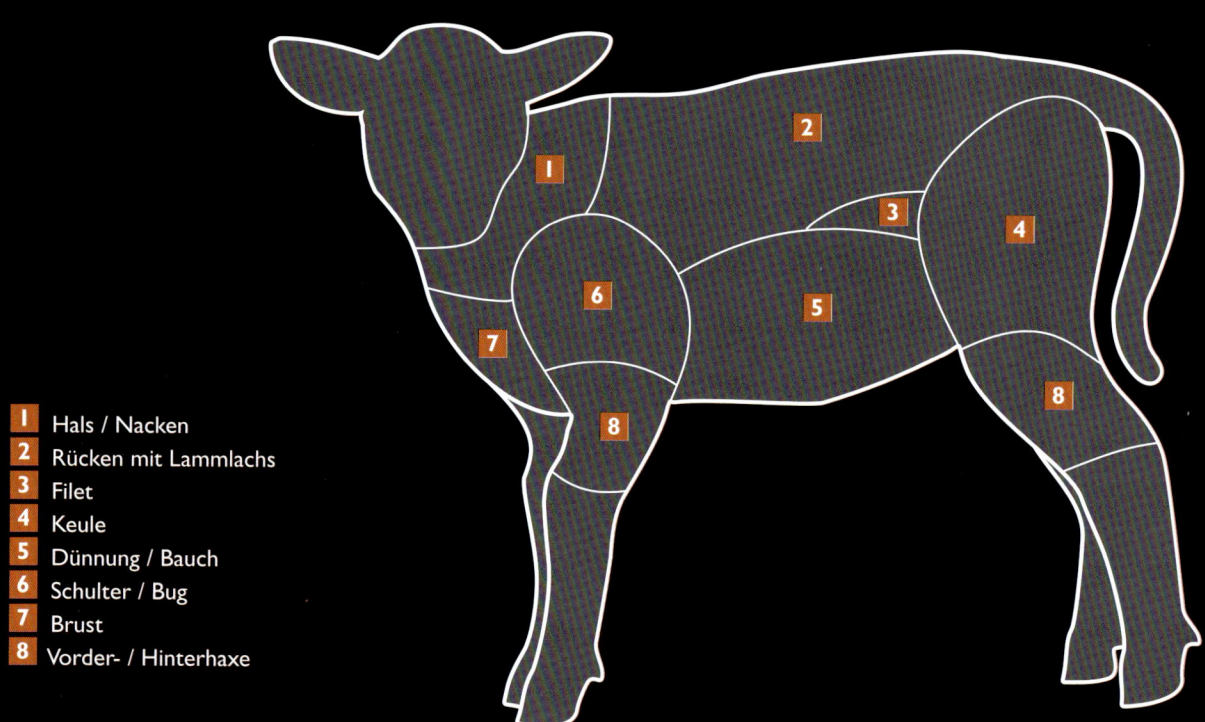

1 Hals / Nacken
2 Rücken mit Lammlachs
3 Filet
4 Keule
5 Dünnung / Bauch
6 Schulter / Bug
7 Brust
8 Vorder- / Hinterhaxe

LAMMFLEISCH

Die Wissenschaft geht davon aus, dass der Vorfahre unseres heutigen Schafs das Mufflon ist. Erste Anzeichen der Domestizierung stammen aus Anatolien vor 10.000 Jahren. Anfangs wurden Schafe in erster Linie als Milch und Fleischlieferant gehalten, erst vor etwa 5.000 Jahren nutzte man auch ihre Wolle. Da Schafe als sehr robust und genügsam gelten, setzten sie sich weltweit als Haustier durch.

LAMM UND MILCH-LAMM – WO LIEGT DER UNTERSCHIED?

Als Lamm wird allgemein ein nicht ausgewachsenes Hausschaf, das maximal ein Jahr alt ist, bezeichnet. Als Milchlämmer gelten Tiere bis zu einem Alter von sechs Monaten, die sich überwiegend von Muttermilch ernährt haben. Das Fleisch dieser Tiere ist zwar sehr zart, aber keineswegs geschmackvoll. Das Fleisch vom Lamm ist ebenfalls zart, hat aber wesentlich mehr Geschmack. Lammfleisch ist in Deutschland flächendeckend erhältlich. Sowohl im Großmarkt als auch im Internet oder direkt bei den Züchtern auf dem Land findet man gute Qualitäten. Wichtig ist, dass man das Schlachtalter des Lamms nachvollziehen kann, da es sonst passieren kann, dass man anstatt eines Lamms ein Jungschaf angeboten bekommt.

Lämmer unterscheidet man nach ihrer Herkunft und demzufolge auch nach ihrer Fütterung. Das Salzwiesenlamm beispielsweise wird auf den Wiesen nahe der Küste oder auf Deichen zur Deichpflege gehalten und hat durch mineralreiches Futter wie beispielsweise Salzmiere einen unvergleichlichen Geschmack. Und das Wahrzeichen der Lüneburger Heide, die Heidschnucke, zeichnet sich durch einen würzig-vollaromatischen, wildartigen Geschmack aus.

Heutzutage verfolgen Züchter der Fleischrassen zwei Ziele: durch Kreuzung verschiedener Rassen eine hohe Fleischausbeute zu erzielen und eine Rasse zu züchten, deren Empfängnisbereitschaft sich auf das ganze Jahr ausdehnt, um das wachsende Bedürfnis nach Lammfleisch stets bedienen zu können. In Deutschland spielt die Schafzucht allerdings eher eine untergeordnete Rolle. Ein Großteil des importierten Lammfleischs stammt aus Neuseeland und von den Britischen Inseln.

LAMM AUF DEM GRILL

Fast alle Teilstücke des Lamms können auf dem Grill veredelt werden. Idealerweise nimmt man die Rückenpartie, entweder in Form von Koteletts oder ausgelöst als Lammlachse und – nicht zu vergessen – die innenliegenden Filets. Oft werden in Restaurants fälschlicherweise Teile des Lammrückens als Filet angeboten. Man kann dies aber ganz leicht an der Größe erkennen: Ein Filet hat maximal den Durchmesser eines Zwei-Euro-Stücks, ein Teil aus dem Rücken ist mindestens um das zwei- bis dreifache größer. Auch Lammkeulen oder Teilstücke davon gelingen bestens auf dem Grill. Die Grillpalette erweitern zudem Spareribs vom jungen Lamm und Lammbauch, Rollbraten aus der Schulter, würzige Lammwürste wie die Merguez und Hackfleischspezialitäten wie Lamm-Cevapcici oder Köfte. Generell sollte Lammfleisch zum Grillen eine hell- bis dunkelrote Farbe aufweisen und nicht zu mager sein – idealerweise ist es von feinen Fettadern leicht durchzogen. Lammfleisch überzeugt mit seinem dezenten Eigengeschmack.

In Mittel- und Westeuropa ist ausschließlich das Fleisch von Lämmern von nennenswerter Bedeutung. Bei älteren Schafen, besonders bei männlichen Tieren, wird der Geschmack schon sehr intensiv. Dieses Fleisch findet auf dem deutschen Markt nur wenige Abnehmer. Wichtig ist beim Zubereiten von Lamm- oder Schaffleisch, dass es immer mit einer Temperatur über 55 °C serviert wird. Sobald das Fett kälter wird, schmeckt es unangenehm streng nach Schaf.

Auch Produkte aus Schaf- und Ziegenmilch erfreuen sich wachsender Beliebtheit und sind aus dem Portfolio von gehobener Gastronomie und ambitionierten Grillern nicht mehr wegzudenken. Ziegen und Schafe sind von ihrer Anatomie her nahezu gleich. Ziegen haben in Deutschland bislang nur eine kleine Fangemeinde, die aber ständig wächst.

WILDBRET

Das Fleisch von Wildtieren nutzt die Menschheit seit jeher für ihre Ernährung. Wild lebende Tiere waren wichtige Eiweißlieferanten für den Menschen, bis er anfing, andere Rassen zu domestizieren.

Heute, in den Zeiten von konventioneller Tierhaltung, spielt Wild für die Ernährung unserer Gesellschaft nur noch eine untergeordnete Rolle. Doch jeder Fleischliebhaber freut sich, wenn er ein gut zubereitetes Stück Wild serviert bekommt.

Beim Thema Grillen und Wildfleisch ist weiterhin viel Aufklärungsarbeit zu leisten. Denn immer noch glaubt ein großer Teil der Bevölkerung, dass es sehr kompliziert ist, Wildfleisch zu grillen oder kurz zu braten, da es viel zu mager ist. Aus diesem Grund wird Wild nach wie vor häufig über Tage in irgendwelche Beizen und Marinaden eingelegt, bis es seinen angenehmen Wildgeschmack verloren hat. Oder das Fleisch wird so lange gebraten, geschmort oder gekocht, bis kaum noch etwas von seiner ursprünglichen Struktur und seinem Aroma übrig ist.

Diese Zubereitungstechniken sind dem Umstand geschuldet, dass früher Wildbret nicht immer frisch verfügbar war. Da passierte es des Öfteren, dass man Fleisch von älteren Tieren bekam, die nicht kühl abgehangen wurden und somit schon einen deutlichen Hautgout hatten. Heutzutage ist dies durch Kontrollen und moderne Kühlmöglichkeiten fast ausgeschlossen.

DIE ZUBEREITUNG MACHT'S

Frisches oder qualitativ vertretbares tiefgekühltes Wildfleisch zu bekommen, ist heute kein Problem mehr. Da das Fleisch sehr mager ist, besteht allerdings die Gefahr, dass es beim Grillen oder Kurzbraten schnell trocken wird. Darum ist es ratsam, die Fleischstücke durch die Zugabe von Fett von außen vor dem Austrocknen zu schützen. Ich habe schon oft – auch bei Spitzenköchen – beobachtet, dass aus diesem Grund ein aromatisch zarter Rehrücken komplett mit geräuchertem Bauchspeck eingewickelt wird. Leider erschlägt dieser Speck- mantel das Wildaroma weitgehend. Deshalb empfehle ich, mit sehr aromatischen Fremdfetten vorsichtig umzugehen.

Meines Erachtens reicht es, das Fleisch während des Garens mit einem geschmacksneutralen Öl oder mit Butter, die mit Kräutern oder Pilzen aromatisiert ist, zu bestreichen. Idealerweise könnte man Fett und Fleischstücke, die beim Parieren des Fleischs anfallen (oder beim Metzger nach Fettabschnitten fragen) anbraten und dabei das Fett des Tiers auslassen. Dieses Fett, das vielleicht noch mit etwas Fremdfett gestreckt ist, eignet sich hervorragend, um das Wild beim Braten zu bestreichen.

WILD – MEHR BIO GEHT EIGENTLICH NICHT

Gegrilltes Wildfleisch ist ein Erlebnis der Extraklasse. Nicht nur Wildschwein, sondern auch Hirsch und Reh machen sich hervorragend auf dem Grill. Wildtiere leben frei im Wald und ernähren sich ausschließlich von dem, was ihnen die Natur bietet. Im Winter, wenn zugefüttert werden muss, sind nur artgerechte und naturbelassene Futtermittel zugelassen. Mehr Bio geht eigentlich nicht. Zudem ist Wild – wie schon erwähnt – sehr viel fettärmer als das Fleisch von Rind oder Hausschwein. Im Großmarkt, beim Metzger oder Wildhändler wird es zu jeder Jahreszeit angeboten. In den letzten Jahren erhöhten sich auch Importe von Wildfleisch, beispielsweise aus Neuseeland, für den europäischen Markt.

Die Hirsche wurden in Neuseeland ursprünglich von jagdbegeisterten Engländern eingeführt, damit diese auch dort ihrem Hobby nachgehen konnten. Da den Hirsch dort ideale Bedingungen und keine natürlichen Feinde erwarteten, entwickelte sich seine Population extrem, und die Tiere wurden in einigen Teilen des Landes zur Plage. Findige Züchter fanden sich zusammen und hielten die Hirsche eingezäunt auf weitläufigen Weiden. Nach idealerweise 18 Monaten und bei einem Idealgewicht von 55 kg werden die Tiere geschlachtet. Dafür werden sie teilweise mit dem Hubschrauber gejagt, aber zum Großteil gar nicht, sondern zur Schlachtung zusammengetrieben und in einem konventionellen Schlachthof verarbeitet.

Wildfleisch wird in verschiedensten Formen angeboten: als ganzes Tier, ausgenommen in der Decke (noch mit Fell), als Teilstück oder küchenfertig portioniert, wahlweise mit oder ohne Knochen.

LAMM-SCHULTER
MIT CALÇOTS

SOUS-VIDE-GAREN (63 °C):
12 STUNDEN

ZUBEREITUNG: 1 STUNDE

FÜR 4 PERSONEN
ALS HAUPTGERICHT

1 Lammschulter (etwa 1 kg), ausgelöst
6 EL Olivenöl
2 Zweige Rosmarin
4 Salbeiblätter
2 Bund Frühlingszwiebeln
1 rote Paprikaschote
2 Ochsenherztomaten
1 Zitrone
Salz
frisch gemahlener Pfeffer

SCHON GEWUSST?

Calçots sind eine Spezialität der katalanischen Küche und vergleichbar mit unseren Frühlingszwiebeln. Nach altem Brauch werden die Calçots auf einen Rost über das offene Feuer gelegt, bis ihre äußere Haut schwarz ist. Zum Verzehr fasst man die Frühlingszwiebeln an den nicht verbrannten inneren Blättern und zieht die äußeren verkohlten Blätter ab. Wer es ganz stilecht machen möchte, serviert die Calçots auf halbrunden Dachziegeln.

ZUBEREITUNG

1. Die Lammschulter in vier Stücke schneiden, mit 4 EL Olivenöl, dem Rosmarin und Salbei in einen Sous-vide-Garbeutel geben und den Beutel vakuumieren oder die Luft herausdrücken (siehe Seite 28–29). Das Wasserbad auf 63 °C erhitzen, den Kochbeutel hineingeben und das Fleisch 12 Stunden bei 63 °C sous-vide garen.

2. Die Frühlingszwiebeln und die Paprikaschote auf dem Grill bei starker Hitze von allen Seiten grillen, bis sie schwarz sind. Die Frühlingszwiebeln in ein Küchentuch wickeln. Die Paprika in einen verschließbaren Gefrierbeutel geben. Beides 30 Minuten ruhen lassen. So gart das Gemüse nach und die verbrannte Haut lässt sich später gut entfernen.

3. Die Temperatur auf dem Grill reduzieren. Die Ochsenherztomaten in 2 cm dicke Scheiben schneiden und indirekt etwa 30 Minuten grillen.

4. Die Haut von der Paprika abziehen und das Kerngehäuse entfernen. Das Fruchtfleisch in etwa 1 cm große Würfel schneiden und mit dem ausgetretenen Saft aus dem Beutel in eine Schüssel geben. Die Tomate in ebenso große Würfel schneiden und in die Schüssel geben. Von den Frühlingszwiebeln die schwarze Haut entfernen. Das Innere ist jetzt weich und schmeckt leicht süßlich. 2 EL Olivenöl und einen Spritzer Zitronensaft gut verrühren und mit Salz und Pfeffer würzen. Über die Paprika in der Schüssel gießen und untermengen.

5. Die im Vakuum gegarten Fleischstücke aus dem Beutel nehmen und bei großer Hitze direkt grillen, um ihnen ein Branding zu geben, salzen und pfeffern und auf vier Teller verteilen. Das Gemüse dekorativ daneben anrichten.

LAMMBAUCH
MIT AIOLI

Gussplatte

2 kg Lammbauch mit Knochen
200 ml plus einige Tropfen Oli-
venöl
1 TL frische Rosmarinblätter
1 TL frische Thymianblättchen
1 Knoblauchzehe, fein gehackt
Salz
frisch gemahlener Pfeffer
1 Apfel, Kerngehäuse entfernt
3 EL Apfelsaft

Außenblätter von 2 Köpfen
Romanasalat
4 Scheiben Weißbrot
4 Tomaten

FÜR DIE AIOLI
2 Knoblauchknollen
1 Msp. Senf
100 ml Milch (zimmerwarm)
Salz
200 ml Olivenöl

MARINIEREN: 4 STUNDEN

ZUBEREITUNG:
2 STUNDEN 30 MINUTEN

FÜR 4–6 PERSONEN
ALS HAUPTGERICHT

ZUBEREITUNG

1. Den Lammbauch in drei Teile schneiden. 200 ml Olivenöl mit Rosmarin, Thymian und Knoblauch verrühren und mit Salz und Pfeffer würzen. 6 EL der Marinade beiseitestellen; den Rest in das Fleisch massieren. In einen Gefrierbeutel geben und über Nacht (mind. 4 Stunden) in den Kühlschrank legen.

2. Am nächsten Tag den Apfel in 1 cm dicke Ringe schneiden. Das marinierte Fleisch und die Apfelringe mit dem Apfelsaft und 3 EL von der beiseitegestellten Marinade auf ein Stück Alufolie geben, dieses sorgfältig zu einem Paket verschließen und für etwa 2 Stunden bei 120 °C auf den Grill legen. Alternativ kann man es 4 Stunden sous-vide im 65 °C heißen Wasser garen (siehe Seite 28–29). Die Gussplatte auf den Grill legen und erhitzen.

3. Für die Aioli die Knoblauchknollen zum Fleisch auf den Grill legen, bis sie leicht braun und weich sind. Vom Grill nehmen und die Wurzelenden abschneiden. Die Zehen aus der Schale drücken, mit einer Gabel zerquetschen und abkühlen lassen. Senf, Milch, Knoblauch und ½ TL Salz in einen Rührbecher geben. Mit dem Pürierstab schaumig schlagen, dabei in einem dünnen Strahl portionsweise das Öl zugeben. Die Aioli rühren, bis sie eine cremige Konsistenz hat.

4. Das Fleischpäckchen vom Grill nehmen und vorsichtig öffnen. Das Bauchfleisch von den Rippen schneiden und auf der Gussplatte von beiden Seiten grillen, bis es von außen kross ist. Die restlichen 3 EL Marinade über die Salatblätter geben und den Salat auf der Gussplatte grillen., bis er leicht braun wird. Das Weißbrot auf dem Grill toasten und eine halbierte Tomate darüberreiben. Das Brot mit einer Prise Salz und ein paar Tropfen Olivenöl würzen. Den Salat auf vier Teller geben und jeweils ein Stück Fleisch darauflegen. Je einen Klecks Aioli auf einen mitgegarten Apfelring geben. Die Tomatenhälften nach Belieben kurz grillen und zusammen mit der Aioli und dem Brot zu dem Fleisch servieren.

KÖFTE
IM WEINBLATT

ZUBEREITUNG: 30 MINUTEN

FÜR 4 PERSONEN
ALS HAUPTGERICHT

4 Grillspieße

2 Zwiebeln
600 g gemischtes Hackfleisch
von Lamm und Rind
80 g gehackte Walnüsse
je 1 TL fein gehackte glatte
Petersilie, Minze, Koriander-
grün, Thymian und Oregano
1 Msp. Kreuzkümmel
Salz
frisch gemahlener schwarzer
Pfeffer
12 eingelegte Weinblätter
(gibt's im Internet, beispiels-
weise bei Bosfood)
50 ml Rapsöl

FÜR DEN
JOGHURT-OLIVENÖL-DIP
150 g stichfester Joghurt
100 g Schmant
80 ml Olivenöl
1 Msp. fein gehackte
rote Chilischote
Salz
1 Prise Zucker
Saft und Schale von 1 unbe-
handelten Zitrone

ZUBEREITUNG

1. Die Zwiebeln schälen und auf der Küchenreibe fein reiben.

2. Sämtliche Zutaten bis auf das Rapsöl und die Weinblätter in einer Schüssel vermengen und etwa 10 Minuten sorgfältig kneten, bis die Masse homogen ist. Von der Hackfleischmasse jeweils etwa 50 g abnehmen und in ein Weinblatt rollen.

3. Die Hackfleischbällchen auf vier Spieße stecken und mit Rapsöl bestreichen. Die Köfte bei 180 °C indirekter Hitze etwa 15 Minuten auf dem Grill garen, dabei regelmäßig mit Rapsöl bestreichen.

4. Während die Köfte garen, den Joghurt und Schmant in einer Schale glatt rühren. Das Olivenöl dazugeben und den Dip mit Chili, Salz und einer Prise Zucker würzen. Zum Schluss etwas Zitronensaft und -schale unterziehen. Den Dip zu den Köfte servieren.

Zu diesem Rezept habe ich mich von meinem Freund und Kollegen, dem türkischen Koch Metin Calis, inspirieren lassen. Klassischerweise steckt man die Köfte auf Spieße und grillt sie dann, aber man kann sie auch einzeln – ohne Spieß – grillen.

LAMMRÜCKEN
MIT ZUCCHINIPÜREE

MARINIEREN: 4 STUNDEN

ZUBEREITUNG: 45 MINUTEN

FÜR 4 PERSONEN
ALS HAUPTGERICHT

2 Zweige Rosmarin
1 TL frische Thymianblättchen
2 Knoblauchzehen
Salz
5 EL Olivenöl
**1 kg Lammrücken mit gleich-
mäßiger Fettschicht**
4–8 dünne Karotten
frisch gemahlener Pfeffer

FÜR DAS ZUCCHINIPÜREE
1 Zwiebel
100 ml Olivenöl
500 g Zucchini
1 TL Thymianblättchen
Salz
frisch gemahlener Pfeffer

ZUBEREITUNG

1. Die Rosmarinblätter abzupfen. Ein paar Rosmarin- und Thymianblätter beiseitelegen. Die restlichen Kräuter mit dem Knoblauch und ½ TL Salz in
   einem Mörser zu einer Paste zerreiben. Das Olivenöl hinzugeben und alles
   zu einer Marinade verrühren.

2. Von dem Lammrücken die Fettschicht vorsichtig ablösen und wenn möglich
   ein Rautenmuster hineinschneiden. Kleinere Fettzuschnitte aufheben und
   beiseitelegen. Das Fleisch gründlich mit der Marinade einreiben und den
   Fettdeckel wieder auflegen. Den Lammrücken in Frischhaltefolie wickeln und
   für mindestens 4 Stunden in den Kühlschrank legen.

3. Das Fleisch aus dem Kühlschrank nehmen, aus der Folie wickeln und mit der
   Fettschicht nach oben bei etwa 100 °C 30–40 Minuten indirekt auf dem
   Grill garen, bis es eine Kerntemperatur von 56 °C hat. Zweimal wenden, die
   Fettauflage dabei immer wieder obenauf legen. Durch diese Garmethode
   schmilzt die Fettauflage und hält das Fleisch saftig.

4. Während das Fleisch gart, die Karotten mit den beiseitegestellten Fettabschnitten, Thymian- und Rosmarinblättern sowie je einer Prise Salz und
   Zucker in Alufolie wickeln. Das Gemüse für 20–30 Minuten neben dem
   Fleisch direkt grillen. Den indirekt gegarten Rücken rundherum direkt
   anbraten; dann aufschneiden, salzen und pfeffern.

5. Während Fleisch und Karotten garen, für das Zucchinipüree die Zwiebel
   fein würfeln und in einer Aluschale oder einem Stieltopf in dem Olivenöl
   anschwitzen. Die Zucchini grob darüberraspeln und mit Thymian, Salz und
   Pfeffer würzen. Den Topf mit einem Deckel oder die Schale mit Alufolie
   abdecken und die Zucchini so lange dünsten, bis sie weich sind.

6. Das Zucchinipüree mit dem Fleisch und den Karotten auf vier Tellern anrichten
   und nach Belieben mit etwas Rosmarin garnieren.

LAMMSPARERIBS
NAMIBIAN STYLE

MARINIEREN: 3 STUNDEN

ZUBEREITUNG: 3 STUNDEN

FÜR 4 PERSONEN
ALS HAUPTGERICHT

1 rote Chilischote
10 Minzeblätter
6 TL körniger Senf
6 TL Honig
Salz
frisch gemahlener Pfeffer
5 EL Olivenöl
3 TL Koriander
1 Limette
16 vorgeschnittene Spareribs
vom Lamm
30 Heuschrecken

FÜR DEN KÜRBIS
1 Butternusskürbis
½ TL Fenchelsamen
2 TL Koriander
1 TL Cayennepfeffer
1 TL schwarze Pfefferkörner
1 TL Salz
1 Knoblauchzehe
1 TL Thymian
3 EL Butter

SCHON GEWUSST?

Natürlich schmeckt und gelingt dieses Fleischgericht auch ohne Heuschrecken. Aber in vielen Ländern der Erde dienen Insekten als wichtiger Eiweißlieferant und sind aus dem Speiseplan dort nicht wegzudenken. Auch in der Spitzengastronomie haben Insekten bereits Einzug gehalten, man denke nur an den dänischen Koch Rene Redzepi, der aus Ameisen eine Paste herstellt, die den Gerichten eine angenehme Säure verleiht. Und Spitzenköche aus Südamerika verarbeiten Käfer, die nach Ingwer schmecken. Die in Deutschland angebotenen Insekten sind meistens gefriergetrocknet. Heuschrecken und andere essbare Insekten und Würmer gibt's bei snackinsects.com.

ZUBEREITUNG

1. Die Chilischote in kleine Würfel schneiden. Die Minze mit dem Senf, dem Honig, 1 TL Salz, einer Prise Pfeffer, dem Olivenöl, den Chiliwürfeln, dem Koriander und etwa 1 EL Limettensaft im Mörser zu einer Marinade verarbeiten.

2. Die Rippen mit der Hälfte der Marinade bestreichen und 3 Stunden bei Zimmertemperatur marinieren. Den Grill zum Räuchern vorbereiten (siehe Seite 17).

3. Die Spareribs aus der Marinade nehmen und bei 100–120 °C 1 Stunde 30 Minuten auf dem Grill räuchern. Dann in Alufolie wickeln und 1 Stunde bei gleicher Temperatur auf dem Grill garen.

4. Die Rippen aus der Folie nehmen, mit der restlichen Marinade bestreichen und erneut 20 Minuten grillen. Dabei mehrmals mit der Marinade bestreichen und wenden, um das Fleisch mit einer Glasur zu überziehen.

5. Für die Kürbisbänder den Kürbis schälen und halbieren. Das faserige Innere und die Kerne mit einem Löffel herauskratzen. Das Fruchtfleisch mit einem Gemüsehobel oder dem Messer in dünne Scheiben schneiden.

6. In einem Mörser alle Gewürze mit dem Salz, dem Knoblauch und dem Thymian zerstoßen. Die Butter dazugeben und unterrühren. Die Kürbisbänder mit der Kräuterbutter in eine Aluschale geben und 30–40 Minuten neben den Spareribs auf dem Grill garen, bis sie weich sind, aber noch nicht auseinanderfallen.

7. Die Heuschrecken einfach auf einer heißen Grillplatte grillen. Ein Butterflöckchen und etwas Salz darübergeben und knabbern.

LAMMRÜCKEN
MIT ZUCCHINI-PAPARDELLE

**Lammrücken mit Knochen
(2–2,5 kg)
10 g Activa EB
(Transglutaminasepulver)**

**FÜR DIE ZUCCHINI-
PAPARDELLE
5 Zucchini
1 EL Butter
frisch gemahlener Pfeffer
Salz
einige Zweige Thymian**

WIRKZEIT DER TRANSGLUTA-
MINASE: 12 STUNDEN

ZUBEREITUNG: 50 MINUTEN

FÜR 6 PERSONEN
ALS HAUPTGERICHT

ZUBEREITUNG

1. Am Vortag den Lammrücken und die Filets auslösen und parieren. Beim Rücken kann die Fettschicht dranbleiben. Das Fleisch mit Küchenpapier trocken tupfen. Die beiden Rückenstränge mit der Fettseite nach unten legen und beide der Länge nach mittig etwa 1 cm tief einschneiden.

2. Das Activa in eine Schüssel geben und unter ständigem Rühren mit einem Schneebesen 60 ml eiskaltes Wasser zugeben. Lammrücken und -filets mit der Activa-Lösung bestreichen. Die Filets in den Schnitt eines Rückenstrangs betten und den zweiten Rücken darauflegen (siehe Seite 31). Das Fleisch vakuumieren oder fest in Frischhaltefolie wickeln und für mindestens 12 Stunden in den 4 °C kalten Kühlschrank legen. Am nächsten Tag das Fleisch aus dem Kühlschrank nehmen, auswickeln und beiseitelegen.

3. Mit einem scharfen Messer die Fettseiten der Rücken rautenförmig mit etwa 0,5 cm Abstand leicht einschneiden. Das Fleisch auf den Fettseiten kross und braun grillen und dann etwa 40 Minuten bei 120 °C indirekt weitergrillen, bis es eine Kerntemperatur von 58 °C hat. Vom Grill nehmen.

4. Für die Zucchinipapardelle aus Alufolie eine Gartüte basteln. Die Zucchini mithilfe eines Sparschälers bis auf den weichen Kern in Bänder schneiden. Die Bänder mit der Butter, je einer Prise Salz und Pfeffer und dem Thymian in die Alufolientüte geben. Die Tüte verschließen und das Gemüse auf dem Grill direkt über kleiner Flamme 20 Minuten garen.

5. Das Fleisch in Scheiben schneiden und auf sechs Tellern anrichten. Die Zuchinitüte öffnen, mit einer Gabel jeweils ein paar Zucchinipapardelle eindrehen und auf die Teller setzen.

FRISCHLINGS-RÜCKEN
MIT ROTKOHL AUS DEM WOK

ZUBEREITUNG: 30 MINUTEN

FÜR 4 PERSONEN
ALS HAUPTGERICHT

500 g Rotkohl
Salz
1 EL Zitronensaft
6 EL Olivenöl
1 EL Sonnenblumenöl
1 TL fein gehackter oder geriebener Ingwer
1 Prise Cayennepfeffer
2 EL eingelegte Preiselbeeren
1 kg Frischlingsrücken
frisch gemahlener Pfeffer

SCHON GEWUSST?

Der Frischling ist ein höchstens 1 Jahr altes Wildschwein. Er wiegt 20–30 kg. Im Gegensatz zum Wildschwein ist sein Fleisch zarter, magerer und erinnert ein wenig an Kalbfleisch.

ZUBEREITUNG

1. Den Rotkohl mit dem Gemüsehobel (V-Hobel) in feine Streifen schneiden. Den Kohl mit einer Prise Salz und dem Zitronensaft in eine Schüssel geben und mindestens 3 Minuten mit der Faust kräftig in die Schüssel drücken und den Rotkohl kneten. 3 EL Olivenöl hinzugeben und den Kohl weitere 2 Minuten kräftig mit der Hand bearbeiten.

2. Das Sonnenblumenöl in einen sehr heißen Wok oder eine Pfanne geben. Den Ingwer und Cayennepfeffer sowie den Rotkohl hinzufügen und unter regelmäßigem Schwenken oder Rühren 3–5 Minuten garen. Er sollte weich sein, aber noch Biss haben. Zum Schluss die Preiselbeeren unterziehen und den Rotkohl in einer Aluschale auf dem Grill warm stellen.

3. Den Frischlingsrücken parieren und ringsherum mit Olivenöl einreiben. Bei ca.100 °C indirekt etwa 20 Minuten grillen, bis das Fleisch eine Kerntemperatur von 58 °C erreicht hat. Dann den Rücken direkt bei starker Hitze unter mehrmaligem Wenden direkt grillen, bis sich Röstaromen gebildet haben. Das Fleisch aufschneiden, salzen und pfeffern, mit dem Rotkohl auf Tellern anrichten und servieren.

REHFILET
IN MILCHHAUT

ABKÜHLEN: 4 STUNDEN

ZUBEREITUNG:
1 STUNDE 30 MINUTEN

FÜR 4 PERSONEN
ALS VORSPEISE

500 ml Milch (mind. 3,5 % Fett)
2 EL Sahne
4 Rehfilets
1 EL Rapsöl
Salz
frisch gemahlener Pfeffer
200 g Pfifferlinge
1 EL Butter
2 EL fein gewürfelte Schalotten
2 TL gehackte glatte Petersilie

FÜR DEN SALAT
3 EL Rapsöl
1 EL Rotweinessig
1 Prise Salz
1 Prise frisch gemahlener Pfeffer
½ TL Zuckerrübensirup
150–200 g Wildkräutersalat
6 Walnüsse (am besten ganz frische, bei denen sich die Haut von den Kernen schälen lässt)

SCHON GEWUSST?

Milchhaut bildet sich durch Verdampfen des Wassers an der Oberfläche der erhitzten Milch und besteht zu 70 % aus Fett und zu 20 % aus Eiweiß. Die beste Voraussetzung für diesen Prozess bietet fette unhomogenisierte Rohmilch. Erstmals kulinarische Bedeutung in der Gastronomie erlangte die Milchhaut durch den spanischen Koch und Wegbereiter der Molekularküche, Ferran Adrià, der daraus beispielsweise Ravioli zubereitet.

ZUBEREITUNG

1. Die Milch in eine Edelstahlschüssel geben, diese in ein heißes Wasserbad stellen und die Milch langsam auf 65–70 °C erwärmen. Entstehende Bläschen mit einem Löffel abnehmen. Nach etwa 15 Minuten bildet sich auf der Milch eine Haut. Ein Stück Frischhaltefolie auf ein Schneidebrett oder eine Platte legen und mit Sahne einpinseln. Die Milchhaut vorsichtig von der Milch abnehmen, auf die Folie legen, mit Sahne bepinseln und mit Folie abdecken. Nach etwa 8 Minuten die neue Schicht Milchhaut abnehmen und wie oben beschrieben auf Folie legen. Auf diese Art sechs bis acht Milchhäute abnehmen und auf Folie legen. Man benötigt später nur vier, aber falls eine reißt, ist es gut, ein paar Häute in Reserve zu haben. Die Häute zum Abkühlen für 4 Stunden in den Kühlschrank legen.

2. Die Rehfilets mit Rapsöl einreiben und auf dem Grill bei hoher Temperatur kurz grillen, sodass sie leichte Röstaromen bekommen. Vom Grill nehmen, salzen und pfeffern. Jedes Filet der Länge nach auf zwei Holzspieße stecken und dann in eine Milchhaut wickeln. Die Spieße so auf dem Grill platzieren, dass die Milchhaut nicht in direkten Kontakt mit dem Rost kommt, und etwa 10 Minuten grillen, bis die Haut hellbraune Stellen hat.

3. Während die Filets grillen, die Pfifferlinge putzen. In einer Pfanne die Butter zerlassen und die Schalottenwürfel darin anschwitzen. Die Pfifferlinge dazugeben, in der Pfanne schwenken, mit Pfeffer und Salz würzen und mit der Petersilie abrunden.

4. Für den Salat Rapsöl, Essig, Salz, Pfeffer und Zuckerrübensirup verrühren. Den Salat verlesen, waschen, abtropfen lassen und in eine Schüssel geben. Die Walnüsse knacken, die Haut abschälen und die Kerne grob hacken. Das Dressing und die Walnüsse unter den Salat heben.

REHRÜCKEN
IN STEINPILZTEIG

Mikrowelle, iSi Gourmet Whip

50 ml Rapsöl
30 g getrocknete Steinpilze
1 Ei, getrennt
400 g frische Steinpilze,
geputzt und fein geschnitten
Salz
frisch gemahlener Pfeffer
1 EL frische Thymianblättchen

500 g Rehrücken
1 EL Butter
2 EL fein gewürfelte Schalotten
2 TL gehackte glatte Petersilie

FÜR DIE ROSMARINÄPFEL
1 walnussgroßes Stück Ingwer
4 Äpfel (beispielsweise Boskop)
4 Rosmarinzweige

RUHEN (STEINPILZÖL):
8 STUNDEN

ZUBEREITUNG:
1 STUNDE 30 MINUTEN

FÜR 4 PERSONEN
ALS HAUPTGERICHT

ZUBEREITUNG

1. Das Rapsöl mit den fein geschnittenen Steinpilzen in den iSi Whip geben und diesen mit zwei N$_2$O-Patronen bestücken. Den iSi mindestens 8 Stunden aufrecht bei Raumtemperatur stehen lassen, dann den Druck langsam ablassen. Dabei ein Küchentuch vor die Öffnung halten.

2. Den Gourmet Whip öffnen und das Steinpilzöl durch ein Sieb in ein Rührgefäß gießen. 1 EL frische Steinpilze und das Eiweiß hinzufügen. Mit dem Pürierstab zu einer Emulsion verarbeiten (das Eiweiß darf nicht steif werden) und auf einen flachen, großen Teller geben, sodass dieser damit überzogen ist. Für etwa 50 Sekunden bei 900 Watt in die Mikrowelle stellen, bis aus der Emulsion eine Art Pfannkuchen geworden ist. Diesen vorsichtig vom Teller lösen, auf Frischhaltefolie legen, salzen, pfeffern und mit Thymian bestreuen.

3. Den Rehrücken auf dem heißen Grill oder der Gussplatte direkt von allen Seiten anbraten. Vom Grill nehmen, mit Salz und Pfeffer würzen, auf den Eiweißpfannkuchen legen und mithilfe der Frischhaltefolie vorsichtig darin einwickeln. Die Naht mit Eigelb einpinseln und versiegeln. Das Fleisch mit dem Teig rundherum hellbraun anbraten. Das Öl tritt aus dem Teig aus und er wird knusprig. Dann die Temperatur auf 100–120 °C reduzieren und das Fleisch auf dem Grill etwa 20 Minuten ziehen lassen, bis es eine Kerntemperatur von 58 °C hat. In der zerlassenen Butter die Schalotten anschwitzen. Die restlichen frischen Steinpilze dazugeben, durchschwenken, mit Pfeffer und Salz würzen und mit der Petersilie abrunden.

4. Für die Rosmarinäpfel den Ingwer schälen und in Stifte schneiden. Die Äpfel mit den Rosmarinzweigen und den Ingwerstiften spicken und mit dem Räucherbeutel (siehe Seite 17) für 30–40 Minuten bei 120 °C auf den Grill legen, bis sie weich sind. Den Rehrücken in vier Stücke schneiden und mit den Steinpilzen und Bratäpfeln auf vier Tellern anrichten.

HIRSCHBURGER
MIT GEGRILLTEN PILZEN

ZUBEREITUNG: 45 MINUTEN

ERGIBT 4 BURGER

4 Schalotten
800 g Hirschhackfleisch (beim Metzger bestellen)
2 TL Senf
Salz
frisch gemahlener Pfeffer
1 TL Rosmarinblätter
1 TL Thymianblättchen
½ TL gemahlene Wacholderbeeren
1 TL gemahlener Koriander
4 mittelgroße Steinpilze oder große Kräuterseitlinge
1 ½ EL Butter

1 EL Zitronensaft
4 Burgerbrötchen
8 Blätter Kapuzinerkresse

FÜR DIE CRANBERRYSAUCE
(gibt's auch fertig bei Bosfood)
500 g tiefgekühlte Cranberrys
1 EL brauner Zucker
100 ml Rotwein
100 ml Cranberrysaft
Saft von ½ Orange
1 Zimtstange
½ TL Johannisbrotkernmehl

ZUBEREITUNG

1. Für die Cranberrysauce alle Zutaten bis auf das Johannisbrotkernmehl in einen Topf geben, aufkochen und etwa 8 Minuten köcheln lassen. Den Topf vom Herd nehmen und die Zimtstange herausnehmen. Die Sauce pürieren und mit Johannisbrotkernmehl binden. Die heiße Sauce in sterilisierte Gläser füllen und diese verschließen.

2. Die Schalotten schälen und fein würfeln. Das Fleisch mit den Schalotten und dem Senf gründlich verkneten und mit Salz, Pfeffer, Rosmarin, Thymian, Wacholder und Koriander würzen. Aus der Fleischmasse vier flache Patties formen und diese etwa 20 Minuten bei 120 °C indirekt grillen. Dann die Patties weitere 5 Minuten direkt grillen, dabei etwa jede Minute wenden. Die Temperatur in den Patties mit dem Kerntemperaturthermometer kontrollieren. Sie sollte 56–62 °C betragen. Dann sind die Patties innen noch rosa.

3. Die Pilze putzen und eventuelle Verschmutzungen mit Küchenpapier abreiben. Die Pilze in nicht zu dünne Scheiben schneiden. Die Butter in einer Aluschale zerlassen. Die Pilze in der heißen Butter bei mittlerer Hitze goldbraun braten, dann mit Zitronensaft und Salz würzen.

4. Die Brötchen aufschneiden und die Schnittflächen anrösten. Die unteren Brötchenhälften mit Kresse, Pilzen, Patties und Cranberrysauce belegen, die Brötchendeckel auflegen und die Hirschburger servieren.

KANINCHEN AM SPIESS
MIT BIRNENWIRSING

MARINIEREN: 2 STUNDEN

ZUBEREITUNG:
1 STUNDE 15 MINUTEN

FÜR 4–6 PERSONEN
ALS HAUPTGERICHT

1 TL frische Rosmarinblätter
1 TL Oregano
Salz
frisch gemahlener Pfeffer
2 Knoblauchzehen
200 ml Olivenöl
1 Kaninchen (2–2,5 kg),
küchenfertig vorbereitet
2 Zitronen, halbiert

FÜR DEN BIRNENWIRSING
1 Kopf Wirsing
4 Birnen
Salz
frisch gemahlener Pfeffer

ZUBEREITUNG

1. In einem Mörser den Rosmarin, den Oregano, 1 TL Salz, 1 Prise Pfeffer und den Knoblauch zu einer Paste zerstoßen. Das Olivenöl dazugießen und unterrühren. Das Kaninchen kräftig mit der Marinade einreiben, in Frischhaltefolie wickeln und für mindestens 2 Stunden zum Marinieren in den Kühlschrank legen.

2. Das Kaninchen in der Mitte sowie an den Vorder- und Hinterläufen aufspießen und in den Grill hängen (siehe Bild links). Das Fleisch etwa 1 Stunde bei 120 °C grillen, dabei alle 10 Minuten drehen und immer wieder mit der Marinade bestreichen. Während der letzten 20 Minuten Garzeit die halbierten Zitronen mit der Schnittfläche auf den Grill legen. Dadurch verliert der Zitronensaft etwas von seiner Säure und wirkt leicht süßlich.

3. Das durchgegarte Kaninchen vom Grill nehmen. Den Grill hochheizen und das Kaninchen von beiden Seiten direkt grillen, um ihm die typischen Röstaromen zu verleihen.

4. Den Wirsing putzen, halbieren und den Strunk herausschneiden. Den Wirsing in Stücke und die Birnen in Spalten schneiden. Wirsing und Birnen in eine Aluschale geben und mit der restlichen Marinade übergießen. Die Schale auf den Grill stellen und das Gemüse etwa 20 Minuten bei direkter Hitze garen, bis der Wirsing weich ist; salzen und pfeffern.

5. Den Birnenwirsing auf einer großen Platte oder Tellern anrichten, das Kaninchen darauflegen, mit dem warmen Zitronensaft beträufeln und servieren.

FASANEN-BRUST
MIT MANGOLD

RUHEN: 30 MINUTEN

ZUBEREITUNG: 45 MINUTEN

FÜR 4 PERSONEN
ALS HAUPTGERICHT

Gussplatte

1 TL Sonnenblumenöl
4 Fasanenbrüste mit Haut
Salz
2 EL Butter
3 Schalotten, gewürfelt

½ TL gehackte rote Chili-
schote
500 g Mangold
1 Stängel Zitronengras
1 TL Sojasauce
Saft von ½ Limette

SCHON GEWUSST?

Durch das Salzen der Geflügelhaut vor dem Grillen wird der Haut Wasser entzogen und diese wird dadurch beim Grillen oder Braten knuspriger.

ZUBEREITUNG

1. Die Gussplatte mit dem Sonnenblumenöl fetten. Die Fasanenbrüste auf der Hautseite leicht salzen und für 30 Minuten beiseitestellen. Das ausgetretene Wasser abtupfen und das Fleisch mit der Haut nach unten auf die kalte Gussplatte legen. Die Gussplatte auf den Grill legen und langsam erwärmen – so wird die Haut knusprig, ohne dass das Fleisch übergart. Sobald die Haut braun und knusprig ist, die Brüste wenden und auf der anderen Seite weitere 5 Minuten grillen.

2. Während das Fleisch gart, die Butter ebenfalls auf die Gussplatte geben und die Schalotten und gehackte Chilischote darauf anschwitzen. Die Mangoldblätter von den Stielen trennen, die Stiele in gleich lange Stifte schneiden und mit auf die Gussplatte geben. Das Zitronengras mit einem Kochmesser anschlagen und zu den Stielen geben.

3. Das Gemüse unter mehrmaligem Wenden garen. Nach etwa 5 Minuten – die Stiele sollten ein wenig weich geworden sein – die Mangoldblätter hinzufügen und das Gemüse weitere 5 Minuten in der Butter garen. Mit der Sojasauce und dem Limettensaft sowie Salz abschmecken.

4. Den Mangold mit den Fasanenbrüsten auf vier Tellern anrichten.

HÄHNCHEN
DRUMSTICKS
CHICKENWINGS
BALLOTINES
TERIYAKISPIESSE
ENTENBRUST
WACHTELN
HÄHNCHENBRUST
FOIE GRAS

GEFLÜGEL

GEFLÜGEL

Als Geflügel bezeichnet man alle Vogelarten, die für den menschlichen Verzehr geeignet sind – sowohl solche, die extra für unsere Ernährung gezüchtet werden als auch Wildvögel. Die größte Bedeutung haben hierzulande die Hühner- und Gänsearten, die als Hausgeflügel gehalten werden. Dazu zählen auch Puten, Enten und Tauben. Als Wildgeflügel kann man Fasan, Wachtel und Rebhuhn bezeichnen. Auch der Vogel Strauß, der Mitte der 1990er-Jahre von Afrika ausgehend auf den europäischen Speisekarten landete, zählt zum Geflügel.

Die ersten domestizierten Haushühner tauchten vor etwa 8.000 Jahren in Indien auf. Heute gibt es rund 200 Rassen, die wegen ihres Fleischs oder als Legehennen gezüchtet werden. Je nach Alter und Gewicht unterscheidet man Stubenküken, Hähnchen (kann auch weiblich sein) und Poularde. Auch die Fütterung spielt eine große Rolle und ist manchmal sogar ein Verkaufsargument. Bekannte Vertreter sind die Maishähnchen oder die Hafermastgans. Zudem gibt es die Suppenhühner, Legehennen, die aus Altersgründen geschlachtet werden.

Das herkömmliche Hähnchenfleisch aus dem Supermarkt ist bei richtiger Zubereitung zart und saftig, aber geschmacklich nicht mit dem von Tieren aus Freilandhaltung zu vergleichen, da bei diesen durch die Bewegung der Anteil des geschmackvolleren Muskelfleischs größer ist. Geflügelfleisch aus Massentierhaltung wird zwar auch auf Muskelaufbau getrimmt, um den begehrten Brustfleischanteil zu erhöhen. Jedoch führt das in den schlimmsten Fällen zu solchen Auswüchsen, dass die Tiere dieses Gewicht kaum noch tragen können.

GEFLÜGEL ZERLEGEN

Die meisten Geflügelarten unterscheiden sich kaum in ihrer Anatomie, darum ähnelt sich auch die Zerlegung der Tiere in die einzelnen Teile.

Brust: Sie ist der Muskel, der zum Fliegen benötigt wird, und trägt etwa ein Viertel zum Gewicht des Vogels bei. Die Brust besteht aus dem größeren Außenfilet und dem kleineren Innenfilet. Das zarte Brustfleisch ist aufgrund seines geringen Fettgehalts sehr beliebt. Beim Zubereiten ist Vorsicht geboten, da es schnell trocken wird.

Beine, Keule: Das Keulenfleisch ist bei Tieren, die nicht oder nur wenig fliegen können, viel schmackhafter als das Brustfleisch. Durch das Laufen entwickeln sich zahlreiche kleinere Muskeln, die durch feine Fettschichten voneinander getrennt sind. Das Fleisch ist aufgrund seines höheren Myoglobinanteils dunkler. Der untere Teil der Hähnchenkeule ist als Drumstick bekannt.

Flügel: Von der Fleischausbeute her betrachtet spielen die Flügel eine untergeordnete Rolle. Sie sind meist Teil des Geflügelkleins. Hähnchenflügel, Chicken Wings, sind dagegen ein Klassiker vom Grill.

Rücken: Der Fleischanteil des Geflügelrückens ist gering.

Pfaffenschnittchen: Für mich das beste Stück Fleisch vom Geflügel. Es ist auch unter seiner französischen Bezeichnung Sot-l'y-laisse bekannt. Die Pfaffenschnittchen liegen parallel auf Höhe der Keulen neben der Wirbelsäule. Sie sind sehr klein, beim Hähnchen so groß wie ein halber Daumen, schmackhaft und zart.

Bürzel: Er besteht aus Fett und spielt kulinarisch keine Rolle. Vor dem Garen wird er meist entfernt, da er tranig schmecken kann.

Pute oder Truthahn wird in Nordamerika zu Thanksgiving im Ganzen zubereitet. In Europa sind die Vögel meistens zerlegt im Angebot. Weibchen wiegen bis zu 12 kg, ihre männlichen Artgenossen bis 20 kg.

Gans wird traditionell im Backofen zubereitet – obwohl auch das Garen auf dem Grill kein Problem ist. Gänsefleisch ist um einiges fester als das vom Hähnchen und muss länger gegart werden.

Barbarie-Entenbrust vom Grill ist sehr beliebt Barbarie bezeichnet die aus Südamerika stammende Warzenente. Ihr Fleisch ähnelt in der Konsistenz dem der Gans.

KÜCHENHYGIENE

Geflügelfleisch kann durch Kontamination bei der Schlachtung mit Salmonellen besetzt sein. Zudem verdirbt es schnell. Deshalb sollte beim Einkauf die Kühlkette streng eingehalten werden.

Tiefgekühltes Geflügel zum Auftauen in ein Sieb legen und austretendes Wasser weggießen. Beim Abspülen von frischem Geflügel unter

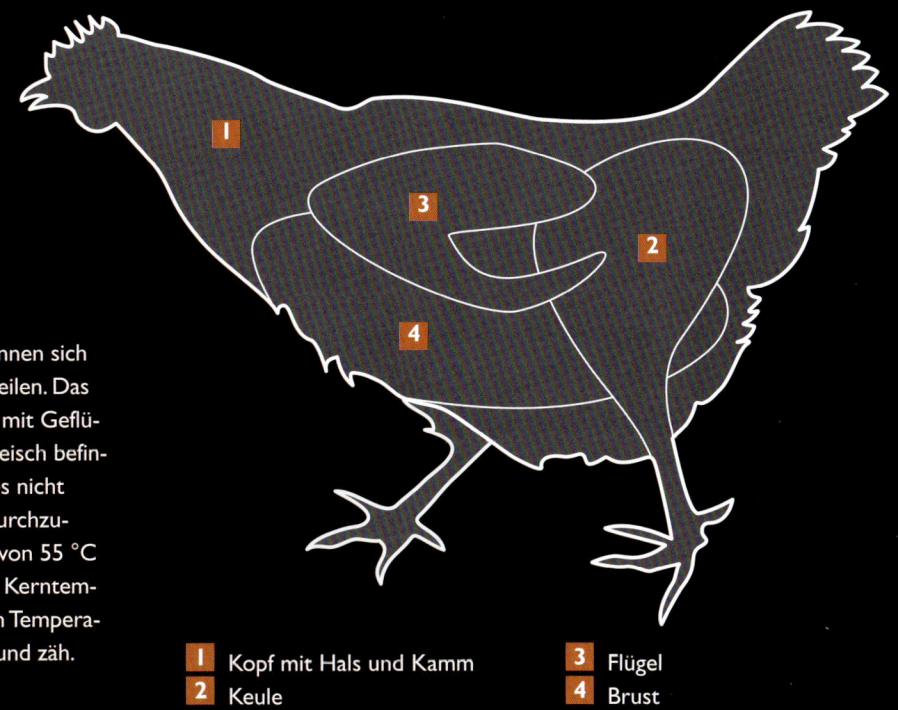

fließendem Wasser ist Vorsicht geboten: Wasserspritzer können sich mitsamt der darin enthaltenen Bakterien in der Küche verteilen. Das Schneidbrett sowie Messer und Hände nach dem Arbeiten mit Geflügel gründlich reinigen. Da Salmonellen sich nur außen am Fleisch befinden – innen kann das Fleisch nicht kontaminiert sein –, ist es nicht notwendig (wie so oft beschrieben), das Fleisch komplett durchzugaren. Theoretisch ist das Fleisch ab einer Kerntemperatur von 55 °C genießbar. Ich empfehle aus geschmacklichen Gründen eine Kerntemperatur von 60–65 °C – nicht mehr, denn bei noch höheren Temperaturen verliert das Fleisch zu viel Wasser und wird trocken und zäh.

1	Kopf mit Hals und Kamm	**3**	Flügel
2	Keule	**4**	Brust

FOIE GRAS

Das Thema Foie gras wird sehr kontrovers diskutiert. Da ich ein Foie-gras-Rezept in diesem Buch habe, möchte ich etwas dazu sagen. Die Foie gras wird bei uns häufig als Gänsestopfleber bezeichnet, was nicht ganz korrekt ist. Der größte Teil der in Frankreich zu Foie gras verarbeiteten Lebern (über 90 %) stammt von Enten. Die Tiere werden gestopft, um eine große, fetthaltige Leber zu bekommen, die als Delikatesse gilt. In einigen Ländern der EU ist diese Mast verboten. Der Handel ist aber erlaubt.

In Frankreich wurde die Foie gras im Jahr 2005 zum nationalen Kulturgut erklärt. In anderen Gegenden werden Verkaufsverbote erlassen, so etwa in Kalifornien im Jahr 2012 oder es werden bestehende Verkaufsverbote wieder aufgehoben wie 2012 in Chicago. Foie gras wird seit über 4.000 Jahren hergestellt. Auf die Idee brachte die Menschen die Natur: Bevor sich die Schwimmvögel auf ihren langen Weg nach Norden bzw. Süden machen, nehmen sie aufgrund ihres natürlichen Fresstriebs so viel Nahrung zu sich, dass sich ihre Leber in Form von Fett auf das Vielfache ausdehnt und somit als Energiereserve zur Verfügung steht.

Als ich das erste Mal das Vergnügen hatte, Foie gras zu essen, überwältigte mich ihr Geschmack: cremig, vollmundig, köstlich. Doch ich war verunsichert, da ich viel Negatives darüber gehört hatte, wie die Tiere gemästet werden. Ich recherchierte und befragte Kollegen aus der Gastronomie. Zudem habe ich mir die Anatomie der Vögel angeschaut: Wasservögel haben keinen Kehlkopf, Luft- und Speiseröhre enden parallel im Schnabel. Die Speiseröhre ist sehr flexibel und

dehnbar und führt direkt in den Magen. Die Vögel sind dadurch in der Lage, ganze Fische und sogar Kieselsteine (hilft bei der Verdauung) ohne Schmerzen zu schlucken.

Natürlich gibt es bei der Aufzucht und Mast wie überall „schwarze Schafe", und es werden Fehler gemacht. Da sich aber jeder Fehler auf die Qualität des Endprodukts auswirkt, sind gute Züchter stets darauf bedacht, diese zu vermeiden. In der Regel dauert es 14 Wochen, bis eine Ente richtig gemästet ist. Bis auf die letzten zwölf Tage leben die Tiere in Freilandhaltung. Dann werden die Enten in Gruppen bis zu 15 Tieren in Käfigen gehalten und täglich zweimal für 5 Sekunden mit Maisbrei gestopft.

Mittlerweile gibt es in Ungarn Züchter, die sich den Fresstrieb der Schwimmvögel vor ihren weiten Flügen zu Nutze machen, indem sie durch Licht und Temperatursteuerung in den Ställen eine herbstliche Stimmung simulieren. Die Foie gras dieser Tiere erreicht ihre Größe einzig durch Fütterung mit Getreide und eiweißreicher Kost. Diese Leber ist qualitativ hochwertig und sehr wohlschmeckend, aber mit 400 g im Vergleich zur Stopfleber, die bis zu 700 g wiegt, um einiges kleiner. Ihr Gewebe ist etwas dichter, und sie verliert beim Erhitzen nicht so schnell ihr Fett, darum ziehe ich diese beim Grillen vor. Die Saison für dieses Produkt geht von September bis Mai.

Jeder von uns sollte sich seine eigenen Gedanken dazu machen und sein Verhalten überdenken – spätestens, wenn sich alltäglich Fleisch aus Massentierhaltung bei ihm auf dem Teller befindet. Ich selbst esse gern, aber selten Foie gras. Sie ist für mich in den verschiedensten Zubereitungsarten immer wieder ein kulinarisches Highlight.

GEGRILLTES
HÄHNCHEN

1 Hähnchen (etwa 1,3 kg)
200 g Butter
6 Zweige Thymian
1 EL Hähnchengewürz

MARINIEREN: 9 STUNDEN

TROCKNEN: 12 STUNDEN

ZUBEREITUNG: 2 STUNDEN

FÜR 4 PERSONEN
ALS HAUPTGERICHT

ZUBEREITUNG

1. Das Hähnchen für etwa 8 Stunden (nicht länger!) in eine achtprozentige Salzlake legen. Diesen Vorgang nennt man Brining. Anschließend das Hähnchen aus der Lake nehmen und 1 Stunde in kaltem Wasser wässern, zwischendurch das Wasser zweimal wechseln.

2. Das Hähnchen aus dem Wasser nehmen. Die Flügelspitzen und überstehende Haut abschneiden, leicht salzen und in den Kühlschrank legen. Das Hähnchen abwechselnd jeweils zweimal für 40 Sekunden in kochendes und für 2 Minuten in Eiswasser legen. Dann vorsichtig mit den Händen unter die Geflügelhaut fahren und versuchen, diese so weit wie möglich vom Fleisch zu lösen, ohne sie zu beschädigen. So wird die Haut später schön knusprig. Das Hähnchen mit Küchenpapier gründlich abtupfen, auf einen Gitterrost legen, mit Küchenpapier abdecken und über Nacht in den Kühlschrank stellen, damit die Haut abtrocknet.

3. Am nächsten Tag das Halsende des Vogels, das Gabelbein, entfernen. Dann das Hähnchen so auf den Grillhalter stecken, dass es aufrecht sitzt. Dafür seine Schenkel spreizen. Das Hähnchen etwa 90 Minuten bei 90 °C auf dem Grill garen, bis es an der dicksten Stelle der Brust eine Kerntemperatur von 60 °C erreicht hat.

4. Den Vogel vom Grill nehmen, mit Alufolie abdecken und 15 Minuten ruhen lassen. In der Zwischenzeit den Grill auf mindestens 230 °C erhitzen. Das Hähnchen auflegen und etwa 10 Minuten indirekt grillen, bis die Haut braun und knusprig ist. Gleichzeitig die Butter mit den beiseitegestellten Hähnchenabschnitten in eine Aluschale geben, den Thymian und das Grillgewürz hinzufügen und die Schale mit auf den Grill stellen. Die Aluschale und das Hähnchen vom Grill nehmen. Die flüssige Butter durch ein Sieb gießen, in eine Injektionsspritze geben und damit im Hähnchenfleisch verteilen.

TIPPS

Bei diesem Rezept geht es mir vor allem darum, den optimalen Kompromiss zu finden zwischen knuspriger Haut und saftigem Brustfleisch. Denn ich habe bislang eher selten ein perfekt gegartes Brathähnchen gegessen. Entweder war die Haut kross und das Brustfleisch trocken oder das Brustfleisch war laut Kerntemperaturthermometer gar und schön saftig (65 °C, man muss Hähnchen nicht endlos garen; siehe Seite 120), aber dafür die Haut leider auch.

Wer einen Hähnchenhalter wie auf dem Foto benutzt, kann nebenbei noch ganz leicht Gemüse garen. Beim Fotoshooting waren es Brokkoli, Rosenkohl, Karotten, gehobelter Weißkohl, Pastinaken und Wirsing. Das Gemüse einfach in einer Schüssel mit einem Schuss Olivenöl vermengen und dann auf dem Grill garen. Zum Servieren mit der restlichen gewürzten Butter übergießen.

GEGRILLTE DRUMSTICKS

ZUBEREITUNG:
30 MINUTEN

FÜR 8 PERSONEN
ALS VORSPEISE

**8 Hähnchenunter-
schenkel
1 EL Hähnchengewürz**

ZUBEREITUNG

1. Die Haut von den Schenkeln lösen und wie einen Strumpf herunterstreifen. Das nun freiliegende Fleisch ringsherum leicht einschneiden und mit dem Hähnchengewürz einreiben.

2. Die Haut wieder über das Fleisch nach oben ziehen. Dann die Haut am unteren Knochenende rundherum vom Knochen schneiden und nach oben schieben, sodass das Fleisch komplett mit Haut bedeckt ist und der Knochen frei liegt.

3. Das untere Knochenstück, wie im Bild zu sehen, in den Warmhalterost hängen und die Drumsticks bei geschlossenem Deckel etwa 30 Minuten bei 180 °C grillen.

CHICKEN WINGS AM SPIESS

ZUBEREITUNG:
30 MINUTEN

FÜR 4 PERSONEN
ALS VORSPEISE

**Flacher Metallspieß

12 Hähnchenflügel
2 TL Hähnchengewürz**

ZUBEREITUNG

1. Die Hähnchenflügel am Gelenk durchschneiden und in eine Schüssel geben. Das Hähnchengewürz darüberstreuen und kräftig in das Fleisch einreiben. Die Flügelteile nach »Oberarmen« und »Unterarmen« sortieren.

2. Die »Oberarme« sind dicker und brauchen ein wenig länger. Die dicken und dünnen Stücke separat auf zwei flache Metallspieße stecken und, wie auf dem Bild zu sehen, in den Rost hängen. Die dünnen Stücke 20 Minuten bei zweimaligem Wenden und die dickeren 30 Minuten bei 180 °C grillen.

BALLOTINES
AUF PFLÜCKSALAT

MARINIEREN: 2 STUNDEN

ZUBEREITUNG: 45 MINUTEN

FÜR 4 PERSONEN
ALS VORSPEISE

**4 Hähnchenoberschenkel
mit Haut
Salz
200 g Pflücksalat**

**FÜR DIE MARINADE
6 EL Olivenöl
½ TL Wasabipaste
1 Msp. Senf
1 EL fein gehacktes Koriandergrün
1 EL Sojasauce
Saft von 1 ½ Limetten
1 EL Honig**

ZUBEREITUNG

1. Sämtliche Zutaten für die Marinade verrühren. Ein Viertel von der Marinade in eine Tasse füllen und beiseitestellen. Die restliche Marinade auf einen flachen Teller geben.

2. Den Knochen aus den Oberschenkeln auslösen und die Schenkel mit der Fleischseite auf die Marinade legen. Die Hautseite leicht salzen, die Hähnchenschenkel mit Frischhaltefolie abdecken und für etwa 2 Stunden in den Kühlschrank stellen.

3. Die Schenkel aus dem Kühlschrank nehmen und die Haut mit Küchenpapier abtupfen (das Salz hat der Haut Wasser entzogen). Aus Alufolie vier Ringe mit etwa 8 cm Durchmesser und 4 cm Höhe formen (oder die Schenkel kleiner schneiden, dann passen sie in Muffinformen). Die Schenkel in die Aluringe drücken und etwa 30 Minuten bei 180 °C grillen. Nach 25 Minuten die Schenkel wenden und die Haut grillen, bis sie braun und knusprig ist.

4. Den Pflücksalat verlesen, waschen, trocken schleudern und auf vier Tellern verteilen. Die beiseitegestellte Marinade als Dressing darüber verteilen und die gegarten Schenkel daraufsetzen.

TERIYAKI-SPIESSE
MIT WASABIERBSEN

iSi Gourmet Whip,
2 N$_2$O Patronen,
Akkubohrer,
12 Holzspieße,
Zedernholzbrett

2 Hähnchenbrustfilets
1 Tasse Wasabierbsen

FÜR DIE MARINADE
100 ml Hühnerbrühe
50 ml Sojasauce
4 EL süße Chilisauce
1 Frühlingszwiebel,
in Ringe geschnitten
½ Knoblauchzehe,
klein geschnitten
½ TL frisch geriebener Ingwer
Saft und Schale von
1 unbehandelten Limette

MARINIEREN: 1 STUNDE

ZUBEREITUNG: 30 MINUTEN

FÜR 4 PERSONEN
ALS VORSPEISE

ZUBEREITUNG

1. Jede Hähnchenbrust in sechs Stücke schneiden. Sämtliche Zutaten für die Marinade verrühren. Fleisch und Marinade in einen iSi Gourmet Whip geben. Den iSi verschließen und mit zwei N$_2$O-Patronen bestücken (siehe Bilder rechts). Den Gourmet Whip gut schütteln und dann für 1 Stunde in den Kühlschrank stellen.

2. In das Zedernholzbrett mit dem Akkubohrer gleichmäßig verteilt zwölf Löcher vom Durchmesser der Holzspieße bohren. Den Gourmet Whip aus dem Kühlschrank nehmen, aufrecht hinstellen, vor die Öffnung Küchenpapier halten und vorsichtig den Druck ablassen. Die Flasche öffnen und den Inhalt in eine Aluschale geben. Die Hähnchenstücke entnehmen, einzeln auf die Holzspieße stecken und bis an das untere Ende der Spieße schieben. Die Holzspieße mit der Spitze in die vorbereiteten Löcher stecken.

3. Die Platte direkt auf den heißen Grill stellen. Sobald das Brett anfängt zu rauchen, den Deckel vom Grill schließen und das Fleisch etwa 15 Minuten grillen. Der Grill sollte im Innenraum etwa 180 °C heiß sein. Die verbliebene Marinade aus dem Gourmet Whip in einer Aluschale mit auf den Grill stellen und aufkochen lassen. Sie sollte auf jeden Fall kochen, um eventuell vorhandene Salmonellen in der Marinade abzutöten.

4. Die Wasabierbsen klein schneiden oder in einem Mörser zerstoßen. Die Spieße vom Grill nehmen, in die heiße Marinade tunken und mit den Wasabierbsen bestreuen.

ENTEN-STECKRÜBEN-CROSTINI

ZUBEREITUNG: 45 MINUTEN

FÜR 2 PERSONEN
ALS HAUPTGERICHT

Gussplatte

2 Entenbrustfilets
1 Steckrübe, geputzt und gehobelt
100 g Butter
3 Stängel Zitronengras
Salz
frisch gemahlener Pfeffer
frisch geriebene Muskatnuss

1 säuerlicher Apfel (beispielsweise Granny Smith), gerieben
2 Kartoffeln
1 Ciabatta

ZUBEREITUNG

1. Die Entenbrustfilets waschen und trocken tupfen. Eventuell überstehendes Fett abschneiden. Die Filets mit einem scharfen Messer auf der Hautseite mit etwa 1 cm Abstand rautenförmig leicht einschneiden.

2. Das Fleisch mit der Hautseite auf die kalte Gussplatte legen. Diese auf den Grill legen und langsam erwärmen, damit so viel Fett wie möglich unter der Entenhaut schmelzen kann. Dann den Deckel des Grills schließen und die Brust garen. Nach 10–15 Minuten das Fleisch wenden, nach weiteren 10 Minuten die Hautseite erneut nach unten legen und die Brüste in 5 Minuten fertig grillen, bis sie maximal eine Kerntemperatur von 60 °C haben.

3. Die Steckrübenstifte mit der Butter und dem Zitronengras in eine Aluschale geben, mit den Entenbrüsten auf den Grill stellen und garen. Mit Salz, Pfeffer und Muskatnuss würzen und den geriebenen Apfel untermengen.

4. Die Kartoffeln waschen und großzügig schälen. Die Kartoffelschalen auf mehrlagiges Küchenpapier legen, mit Küchenpapier bedecken und kräftig platt drücken. Dann auf der Innenseite leicht salzen und auf der Gussplatte in dem ausgetretenen Entenfett braten.

5. Das Ciabatta in Scheiben schneiden und von beiden Seiten anrösten. Das Gemüse darauf verteilen. Das Fleisch in dünne Scheiben schneiden und auf dem Gemüse anrichten. Die gebratenen Kartoffeln dazu reichen.

WACHTELN
MIT WASABI-KÜRBIS-PÜREE

1 kleiner Hokkaidokürbis
1 Stängel Zitronengras
3 EL Butter
Salz
1 Bund Zitronenthymian
frisch gemahlener Pfeffer
4 Wachteln, küchenfertig vor-
bereitet
4 unbehandelte Limetten
1 Tasse Wasabierbsen

ZUBEREITUNG: 45 MINUTEN

FÜR 4 PERSONEN
ALS HAUPTGERICHT

ZUBEREITUNG

1. Den Hokkaidokürbis waschen, schälen und fein würfeln. Die Kürbiswürfel mit 100 ml Wasser in einen Topf geben. Das Zitronengras mit dem Messer leicht zerdrücken und mit der Butter in den Topf geben. Eine Prise Salz hinzufügen und den Kürbis zugedeckt weich kochen. Das Zitronengras herausfischen und das Gemüse zu Püree zerstampfen. Die Wasabierbsen klein schneiden oder im Mörser zerstoßen, mit 1 TL Zitronenthymianblättchen in das Püree geben und unterrühren; mit Salz und Pfeffer abschmecken.

2. Während der Kürbis gart, die Wachteln 40 Sekunden in kochendem Wasser blanchieren, herausnehmen und für 2 Minuten in Eiswasser legen; dann sorgfältig trocken tupfen. Die Schenkel und Flügel der Vögel etwas spreizen und die Wachteln salzen und pfeffern. In die Bauchhöhle jeder Wachtel eine Limette und etwas Zitronenthymian stopfen und die Vögel 20 Minuten bei 90 °C indirekt grillen.

3. Die Wachteln vom Grill nehmen und in Alufolie wickeln. Den Grill auf mindestens 220 °C hochheizen, die Wachteln aus der Folie nehmen, erneut drauflegen und weitere 10 Minuten grillen, bis die Haut braun und knusprig ist.

4. Die Limetten aus den Bauchhöhlen nehmen – sie sind sehr heiß – und ein wenig von ihrem Saft über die Wachteln pressen. Die Wachteln längs aufschneiden, mit Kürbispüree füllen, mit Zitronenthymian garnieren und servieren.

SCHON GEWUSST?

Das Blanchieren der Wachteln dient dazu, eventuell vorhandene Keime an dem Geflügel abzutöten.

HÄHNCHEN-STICKS
IM CRUNCHMANTEL
MIT ZUCKERWATTE

ZUBEREITUNG: 30 MINUTEN

FÜR 8 PERSONEN
ALS VORSPEISE

**Zuckerwattemaschine
(gibt's gebraucht im Internet
manchmal sehr günstig),
8 Holzspieße**

**2 Hähnchenbrustfilets
200 ml BBQ-Sauce
1 EL Zitronensaft
200 g Tortillachips
50 g Zucker**

ZUBEREITUNG

1. Jedes Hähnchenbrustfilet in vier gleich große Streifen schneiden und jeden Streifen längs auf einen Holzspieß stecken. Das Fleisch direkt unter mehrmaligem Wenden 10–15 Minuten grillen, dabei aufpassen, dass die Holzspieße dort, wo sie aus dem Fleisch herausragen, nicht verbrennen – am besten Alufolie unter die Enden der Spieße legen.

2. Die BBQ-Sauce mit dem Zitronensaft verrühren und in einer Aluschale auf dem Grill erwärmen. Die Zuckerwattemaschine vorheizen. Die Tortillachips fein zerbröseln.

3. Die gegrillten Spieße in die warme BBQ-Sauce tauchen, abtropfen lassen und mit den Tortillabröseln ringsum bestreuen.

4. 1 EL Zucker in die Zuckerwattemaschine geben. Dort wird er auf seinen Schmelzpunkt von 150 °C erhitzt und dann durch die Zentrifugalkraft in Fäden herausgeschleudert. Die Zuckerfäden unter ständigem Drehen um den Hähnchenspieß wickeln, bis sich ein schöner Flaum Watte gebildet hat. 1 EL Zucker reicht für etwa vier Spieße. Wenn keine Fäden mehr kommen, erneut Zucker in die Maschine geben.

FOIE GRAS MIT GEGRILLTEN FEIGEN

ZUBEREITUNG:
20 MINUTEN

FÜR 4 PERSONEN
ALS VORSPEISE

Gussplatte

**8 Scheiben Entenstopf-
leber
(siehe Info Seite 123)
2 EL Maltodextrin
(kaum süßes und fast
geschmacksneutrales
Kohlenhydrat)
4 reife Feigen
4 dünne Scheiben
Ciabatta
Fleur de Sel
2 EL gesalzene fermen-
tierte nicht getrocknete
schwarze Pfefferkörner
(übers Internet erhältlich,
beispielsweise bei Bos-
food, ersatzweise grob
gemahlener schwarzer
Pfeffer)**

ZUBEREITUNG

1. Die Lebern von beiden Seiten mit Maltodextrin bestreuen und
    auf der heißen Gussplatte von beiden Seiten braten, bis sich
    eine schöne braune Kruste bildet. Durch Maltodextrin be-
    kommt die fettreiche Leber schnell eine Kruste, was verhindert,
    dass zu viel Fett austritt.

2. Die Feigen halbieren und auf der Gussplatte in dem ausgetrete-
    nen Entenfett braten. Die Brotscheiben leicht rösten. Die
    Entenlebern mit den Feigen auf vier Tellern anrichten und mit
    je einer Prise Fleur de Sel und dem Pfeffer bestreuen. Das Brot
    dazu reichen.

PORNOPIZZA

ZUBEREITUNG:
1 STUNDE 15 MINUTEN

FÜR 8 PERSONEN
ALS VORSPEISE

**500 g Mehl
10 g Trockenhefe
400 ml warmes Wasser
1 Prise Salz
4 EL Olivenöl
8 frische Steinpilze
4 Scheiben Serrano-
schinken
30 g Trüffel-Parmesan-
Creme (übers Internet
erhältlich, beispielsweise
bei Bosfood)
frische schwarze Trüffel
(so viel, wie Sie sich
leisten können)
8 Scheiben Foie gras
Fleur de Sel**

ZUBEREITUNG

1. Mehl, Hefe, Wasser, Salz und Olivenöl erst verrühren und dann
    kräftig kneten. Den Pizzateig 45 Minuten zugedeckt an einem
    warmen Ort gehen lassen.

2. Inzwischen die Steinpilze putzen und klein würfeln. Den Serra-
    noschinken in feine Streifen schneiden. Den Grill mit Pizzastein
    etwa 15 Minuten bei großer Hitze vorheizen.

3. Vom Teig 4 cm große Kugeln abdrehen und mit einem Nudel-
    holz auf etwa 12 cm Durchmesser ausrollen. Die Trüffel-
    Parmesan-Creme daraufstreichen und mit der feinen Seite der
    Küchenreibe frische Trüffel darüberreiben. Die Steinpilzwürfel
    gleichmäßig darauf verteilen. Den Serranoschinken über die
    Pilze geben. Die Foie gras in etwa 1 cm dicke Scheiben schnei-
    den und darauflegen.

4. Die Pizzas für etwa 3 Minuten auf den Pizzastein legen und den
    Deckel schließen. Vor dem Servieren jede Pizza mit einer Prise
    Fleur de Sel würzen.

HÄHNCHEN-OBERSCHENKEL
MIT LACHSKERN

WIRKZEIT DER TRANSGLUTA-
MINASE: 5 STUNDEN

ZUBEREITUNG: 45 MINUTEN

FÜR 4 PERSONEN
ALS HAUPTGERICHT

4 Hähnchenoberschenkel
400 g Lachsfilet
10 g Activa GS (Transgluta-
minasepulver)
2 Knollen Gemüsefenchel

Salz
4 EL Olivenöl
frisch gemahlener Pfeffer
1 EL Zitronensaft

ZUBEREITUNG

1. Die Knochen aus den Oberschenkeln auslösen. Das Lachsfilet halbieren und auf die Größe der Hähnchenoberschenkel zuschneiden. Das Activa in eine Schüssel geben und unter ständigem Rühren mit einem Schneebesen 50 ml 10–15 °C warmes Wasser zugeben.

2. Die Innenseite der Oberschenkel und den Lachs mit der Activa-Lösung bestreichen. Den Lachs jeweils zwischen zwei Hähnchenstücke legen und vakuumieren oder fest in Frischhaltefolie einwickeln. Das Lachs-Hähnchen für mindestens 5 Stunden in den 2–4 °C kalten Kühlschrank legen.

3. Die Hähnchenstücke aus der Folie wickeln oder aus dem Beutel nehmen. Das Fleisch von beiden Seiten unter öfterem Wenden 20 Minuten bei mittlerer Hitze direkt grillen, bis die Haut schön knusprig ist. Die Herausforderung ist hier, eine krosse Haut hinzubekommen, das Hähnchen im äußeren Bereich auf etwa 60 °C zu garen und den Fisch nicht zu übergaren. Er sollte eine Temperatur von 56 °C nicht übersteigen.

4. Die harten Außenblätter der Fenchelknollen entfernen und die Knollen in 1–2 cm dicke Scheiben schneiden. Leicht salzen und mit etwas Olivenöl bestreichen. Das Gemüse von beiden Seiten 5 Minuten direkt bei mäßiger Hitze angrillen, bis sich leichte Röststellen bilden. Dann auf die indirekte Zone des Grills legen und etwa 20 Minuten bei 120 °C weitergaren. Den Zitronensaft und das restliche Olivenöl in einer Aluschale auf dem Grill erwärmen.

5. Zum Servieren die Hähnchenstücke teilen und auf den Fenchelscheiben anrichten. Beides mit Salz und Pfeffer würzen und mit warmem Zitronensaft und Olivenöl beträufeln.

FISCH & MEERES-FRÜCHTE

AUSTERN
MUSCHELN
SARDINEN
LACHS
HAMACHI
BONITO
HUMMER
WOLFSBARS

FISCH & MEERESFRÜCHTE

Fisch und Meeresfrüchte vom Grill gehören heutzutage zum festen Repertoire eines anspruchsvollen Grillers oder Gastronomen. Leider habe ich aber bislang selten erstklassig zubereiteten Fisch vom Grill angeboten bekommen. Meist war er total übergart – eigentlich zartes, saftiges Fischfilet wurde trocken, und Garnelen und Jakobsmuscheln erinnerten von ihrer Textur eher an Gummi.

Warum ist das so? In erster Linie liegt es wohl daran, dass Fisch eine andere Proteinstruktur hat als Fleisch – und das wird bei der Zubereitung oft nicht berücksichtigt. Bei Grillpartys kommen Fisch und Fleisch gleichzeitig auf den Grill und werden bei gleicher Hitze gleich lang gegrillt. Am Ende ist der Grillmeister in den meisten Fällen schon zufrieden, wenn der Fisch, falls er im Ganzen gegrillt wurde, noch als solcher zu erkennen ist. Denn oft bleibt er am Rost kleben oder fällt beim Wenden auseinander. Stattdessen sollte man beim Fisch im Vergleich zu einem Stück Fleisch ähnlicher Größe sowohl Garzeit als auch Temperatur deutlich reduzieren.

FISCHEINKAUF IST VERTRAUENSSACHE

Bei der mittlerweile beachtlichen Auswahl an Grillzubehör – dazu zählen beispielsweise Fischhalter, Haltekörbe oder Räucherbretter – dürfte das Zubereiten von Fisch eigentlich nicht so schwer sein. Wenn ich als Privatmensch an der Fischtheke stehe, bin ich ein Emotionskäufer. Sieht der Fisch in der Auslage frisch und ansprechend aus und der Fischhändler erzählt mir noch eine Geschichte dazu, zögere ich nicht lange und greife zu. Nun denkt sich vielleicht so mancher: Auf diese Art kann er, wenn er professionell für seine Kurse einkauft, natürlich nicht auswählen. – Warum eigentlich nicht? Fischeinkauf ist Vertrauenssache. Ein gutes Verhältnis zu dem Lieferanten oder Fischhändler erspart oft Enttäuschungen.

In Restaurants ist die Transparenz leider nicht immer gegeben. Auf vielen Speisekarten findet man den berühmten »Catch oft the Day«, den Fang des Tages. Dieses Angebot verspricht absolut frische Ware. Aber am Wochenanfang sollte man auch da vorsichtig sein, da manchmal unter diesem Slogan die übrig gebliebenen Fische vom Wochenende verkauft werden.

Als Verbraucher ist man oft in der Zwickmühle. Einerseits empfiehlt die Deutsche Gesellschaft für Ernährung, zweimal in der Woche Fisch zu essen, andererseits wird aber von verschiedenen Seiten von zu häufigem Fischkonsum aufgrund der Überfischung abgeraten. Welchen Spagat man da hinbekommt, muss jeder für sich selbst entscheiden. Ich finde, Salzwasserfische und Meeresfrüchte schmecken am besten in der Küstengegend. Und bei Süßwasserfischen hat jede Region ihre eigene Spezialität. Am Bodensee ist dies beispielsweise der Felchen.

Für Fische und Meeresfrüchte gibt es auf dem Grill die verschiedensten Zubereitungsarten: auf dem Räucherbrett, auf der Salzplanke, als Steckerlfisch, hängend geräuchert, am Spieß, in Folie gegart, in Heu gesmokt, als Filet oder ein größerer Fisch, beispielsweise ein Lachs, im Ganzen gegrillt.

Insbesondere bei diesen empfindlichen Tieren spielt das Zusammenspiel von Zeit und Temperatur eine entscheidende Rolle, um einen saftigen, zarten, geschmackvollen und auf den Punkt gegarten Fisch auf den Teller zu bekommen. Die eigene Erfahrung und Gespräche mit Kollegen sind dabei die besten Lehrmeister. Tipp: Besuchen Sie einen Grillkurs speziell für Fisch und Meeresfrüchte. Dort lernen Sie unter professioneller Anleitung den richtigen Umgang mit Fisch rund um den Grill und bekommen zudem noch viele Tipps und Tricks für zu Hause. Die Kurse werden deutschlandweit angeboten.

SEHR BELIEBT: RÄUCHERN AUF DEM HOLZBRETT

Bei Fischfilet ist das Räuchern auf dem Holzbrett eine sehr beliebte Zubereitungsmethode. Mittlerweile zählt das Zedernholzbrett zu einem der meistverkauften Zubehörartikel im Grillbereich. Obwohl auch Räucherbretter aus anderen Hölzern auf dem Markt sind, ist Zedernholz am weitesten verbreitet. Die Zubereitung von einer Lachsseite auf Zedernholz zählt zu den Klassikern unter den Grillrezepten. Egal, um welches Rezept es sich handelt, ob im Internet oder aus einem Buch: Stets wird empfohlen, das Brett vor der Zubereitung mindestens 4 Stunden zu wässern. Auch ich habe bis

Die Haltbarkeit: Die Erfahrung zeigt, dass ein feuchtes Brett öfter auf dem Grill verwendet werden kann, da es nicht so schnell Feuer fängt – wenn man es mit der Hitze nicht übertreibt. Meine trockenen Bretter nutze ich drei- bis viermal, bei den feuchten sind bis zu sechs Grilleinsätze keine Seltenheit. Natürlich sollte man die Bretter nach jedem Einsatz sorgfältig säubern.

Das Zedernholzaroma: Ich habe den Eindruck, dass das Holzaroma durch das verdampfende Wasser stärker austritt und man es somit deutlicher als Geruch wahrnimmt. Dies soll aber nicht heißen, dass ich es nachher explizit im Fisch schmecke.

Zu diesem Thema findet man viele Thesen und Meinungen, die alle auf irgendeine Weise begründet sind. Ich habe für mich herausgefunden, dass das trockene Brett intensiver raucht, dass ich diesen Rauchgeschmack am Fisch auch schmecke und dass ich den Fisch nach dieser Methode besser auf den Punkt garen kann. Denn die Qualität der Speise auf dem Teller ist für mich stets der ausschlaggebende Punkt – und die Präsentation eines perfekt gegarten Lachsfilets auf der Planke ist natürlich ein Hingucker bei den Gästen.

Die Temperaturmessung bei feuchtem Brett ergibt etwa 150 °C.

dato immer brav diesen Anweisungen gefolgt, fand aber, dass der Fisch dort, wo er Kontakt zum Brett hatte, oft übergart war. Ich habe ihn zwar immer mit der Haut auf das Brett gelegt, aber das half nicht viel.

Der Zufall oder meine Schusseligkeit zwangen mich, den Lachs auf einem trockenen Brett zu garen, da ich bei einem Seminar vergessen hatte, besagtes Brett zu wässern. Ich bemerkte, dass bei gleicher Garzeit der Fisch an den bezeichneten Stellen nicht übergart war. Das Gegenteil war der Fall: Der Fisch hatte durchweg eine sehr zufriedenstellende Garstufe und war noch leicht glasig. Bei nächster Gelegenheit verglich ich die Methoden direkt miteinander: feuchtes gegen trockenes Brett. Mithilfe eines Infrarot-Thermometers fand ich heraus, dass das feuchte Brett viel heißer wurde als das trockene. Schon nach ein paar Minuten auf dem Grill bemerkte ich teilweise Temperaturunterschiede von über 60 °C. Das Wasser verlangsamt den Prozess des Räucherns. Solange sich Wasser im Brett befindet, fängt es nicht an zu rauchen. Bis das Brett trocken ist und zu rauchen beginnt, ist oft der Fisch schon gar.

Die Temperaturmessung bei trockenem Brett ergibt etwa 80 °C.

AUSTERN
MIT WASABIBUTTER

ZUBEREITUNG: 20 MINUTEN

FÜR 4 PERSONEN
ALS VORSPEISE

12 Austern (vorzugsweise Gillardeau-Austern)
100 g Butter
1 TL Wasabipaste
abgeriebene Schale von
1 unbehandelten Zitrone
1 TL fein geschnittener frischer Estragon
Fleur de Sel
frisch gemahlener schwarzer Pfeffer
Schnittlauchröllchen zum Garnieren

ZUBEREITUNG

1. Aus Alufolie eine Schiene formen. Sie wird benötigt, damit die Austern exakt waagerecht auf dem Rost liegen und beim Garen das Wasser nicht herausläuft.

2. Die Austern mithilfe der Aluschiene waagerecht auf den Grill legen und den Deckel schließen. Sie öffnen sich nach 8–10 Minuten.

3. Für die Sauce die Butter, die Wasabipaste und die Zitronenschale mit dem Estragon verrühren; mit Fleur de Sel und Pfeffer abschmecken.

4. Die Austern vom Grill nehmen und das Wasser aus den geöffneten Austern abgießen. Je 1 TL Butter in jede Austernschale geben und mit ein paar Schnittlauchröllchen garnieren.

ROTE-BETE-AUSTERN

MIT SCHWERT-MUSCHELN

ZUBEREITUNG:
1 STUNDE 30 MINUTEN

FÜR 4 PERSONEN
ALS HAUPTGERICHT

iSi Gourmet Whip
2 N_2O-Patronen

12 Austern
500 ml Rote-Bete-Saft
20 Drillinge (kleine Kartoffeln)
12 Schwertmuscheln

100 g Wasabi-Estragon-Butter
(siehe Seite 146)
2 EL Schnittlauchröllchen

ZUBEREITUNG

1. Die Austernschalen aufbrechen, das Austernwasser in einer Schale auffangen und beiseitestellen. Die Austern aus den Schalen nehmen und mit dem Rote-Bete-Saft in einen iSi Gourmet Whip geben. Die Flasche verschließen und mit zwei N_2O-Patronen bestücken. Den Gourmet Whip gut schütteln und für 1 Stunde in den Kühlschrank stellen. Inzwischen die Drillinge in Wasser kochen, bis sie weich sind, abgießen und warm halten.

2. Den iSi aus dem Kühlschrank nehmen, die Flasche aufrecht stellen und vor die Öffnung Küchenpapier halten. Vorsichtig den Druck ablassen. Dann die Flasche öffnen und den Inhalt durch ein Sieb in eine Schüssel gießen. Das beiseitegestellte Austernwasser mit 100 ml von dem aufgefangenen Rote-Bete-Saft in eine Aluschale geben und auf dem Grill aufkochen lassen. Die Austern aus dem Sieb hinzufügen, in der Schale vom Grill nehmen und 5 Minuten ziehen lassen.

3. Während die Austern ziehen, die Schwertmuscheln von jeder Seite etwa 2 Minuten grillen. Die Wasabi-Estragon-Butter schmelzen.

4. Die Austern aus der Flüssigkeit nehmen und warm stellen. Die warmen Kartoffeln halbieren, auf einer vorgewärmten Platte verteilen oder in einen weiten Topf geben und mit dem Schnittlauch bestreuen. Die Austern und die Schwertmuscheln darauf anrichten und mit der flüssigen Butter übergießen.

JAKOBS-MUSCHELN
MIT MISO UND APFELTATAR

2 Ochsenherztomaten
50 g Butter
1 EL Miso (japanische Soja-
bohnenpaste)
12 Jakobsmuschelnüsschen
1 Zitrone
2 Äpfel
1 EL frisch gehacktes
Koriandergrün
3 EL Olivenöl
frisch gemahlener Pfeffer
Salz

ZUBEREITUNG:
1 STUNDE 30 MINUTEN

FÜR 4 PERSONEN
ALS VORSPEISE

ZUBEREITUNG

1. Von den Tomaten jeweils oben und unten eine etwa 2 cm breite Scheibe abschneiden und wegwerfen. Die Tomaten horizontal halbieren und etwa 1 Stunde indirekt bei etwa 90 °C grillen oder alternativ im Backofen bei 70 °C Umluft 1 Stunde garen.

2. Die Butter in einer Aluschale auf dem Grill schmelzen lassen und mit dem Miso verrühren. Die Muscheln von beiden Seiten mit der Miso-Butter bestreichen, auf den Grill legen und indirekt bei 160 °C 15 Minuten garen. Zwischendurch mehrmals mit der Butter bepinseln. Sie sollten in der Mitte noch etwas glasig sein.

3. Die Zitrone halbieren, mit den Schnittflächen auf den Grill legen und ebenfalls etwa 15 Minuten direkt grillen, bis sie weich und ein wenig braun sind. Die Äpfel grob raspeln und mit dem warmen Zitronensaft beträufeln. Das Korian-dergrün mit dem Olivenöl vermischen, leicht pfeffern und warm stellen.

4. Die Tomatenscheiben auf vier Teller geben und leicht mit Salz und Pfeffer würzen. Auf jede Scheibe drei Muscheln setzen und mit Korianderöl beträu-feln. Das Apfeltatar daneben anrichten.

GEFÜLLTE SARDINEN

ZUBEREITUNG: 45 MINUTEN

FÜR 4 PERSONEN
ALS VORSPEISE

1 rote Paprikaschote
1 rote Chilischote
je 1 EL fein geschnittene
Petersilie, Koriandergrün
und Dill
Saft und Schale von ½ unbe-
handelten Zitrone
75 ml Olivenöl
12 Sardinen, küchenfertig
vorbereitet
40–50 Zuckerschoten
(etwa 150 g)
6 Scheiben Toastbrot

ZUBEREITUNG

1. Paprika- und Chilischote fein würfeln. Petersilie, Koriandergrün, Dill und Zitronenschale in einen Mörser geben. 50 ml Olivenöl und den Zitronensaft hinzufügen und alles zu einer Paste zerreiben.

2. Die Sardinen mit einem scharfen, dünnen Messer am Rücken entlang der Hauptgräte einschneiden und die Gräte vorsichtig vom Fleisch lösen. Die Gräte mit einer Schere an Kopf und Schwanzende abschneiden.

3. Die Zuckerschoten in eine Schüssel geben und mit ein paar Spritzern Olivenöl vermengen. Von beiden Seiten direkt (am besten in einer Grill-schale) grillen, bis sie an einigen Stellen Blasen werfen.

4. Die Brotscheiben toasten, entrinden und halbieren. Die Zuckerschoten vom Grill nehmen und auf Toastbrotbreite zuschneiden. Vier bis fünf Schoten auf eine halbierte Toastscheibe legen.

5. Die Sardinen mit der Kräuterpaste füllen, mit Öl bepinseln und auf dem heißen Grill direkt von jeder Seite etwa 3 Minuten grillen. Jeweils eine Sardine auf eine halbe Brotscheibe legen und servieren.

EINMAL LACHS
DREI GERICHTE

MARINIEREN: 2 STUNDEN

ZUBEREITUNG: 1 STUNDE

FÜR 6 PERSONEN
ALS HAUPTGERICHT

LACHS AUF ZEDERNHOLZ
Zedernholzbrett

1 Lachsseite (1–1,5 kg)
2 TL BBQ-Fish-Gewürz
(von Ingo Holland; ersatzweise
frischer Dill, Fenchelsamen,
Koriander, Pfeffer)
100 ml Bone Suckin Yaki Sauce
(ersatzweise Sojasauce)
1 TL Wasabipaste
abgeriebene Schale von
1 unbehandelten Zitrone
Meersalz

LACHSWURST
Bauchlappen von 1 Lachsseite
1 l zehnprozentige Salzlösung
20 g Butter

CEVICHE
200 g Lachsabschnitte
1 EL Limettensaft
abgeriebene Schale von
½ unbehandelten Limette
½ Chilischote, fein geschnitten
1 EL fein geschnittenes
Koriandergrün
1 Schalotte, fein gehackt
Salz

ZUBEREITUNG

1. Von der Lachsseite die Bauchlappen abschneiden und für die Lachswurst beiseitelegen. Die Lachsseite auf die Größe des Zedernholzbretts zuschneiden, dabei großzügig sein, da 200 g Abschnitte für die Ceviche benötigt werden.

2. Den Lachs mit der Haut nach unten auf das Brett legen, in sechs Portionen schneiden und mit Fischgewürz bestreuen. Die BBQ-Sauce mit der Wasabipaste verrühren und auf die Oberseite der Lachsseite streichen. Die Zitronenschale und eine Prise Meersalz darüber verteilen. Den Fisch mitsamt Brett auf den Grill legen und direkt bei hoher Temperatur erhitzen. Sobald es anfängt zu rauchen, die Temperatur drosseln und den Deckel auflegen. Den Fisch etwa 20 Minuten auf direkter Hitze bei etwa 150 °C garen.

3. Für die Lachswurst die Bauchlappen vom Lachs für etwa 10 Minuten in die Salzlösung legen; dann herausnehmen und trocken tupfen. Ein Stück Alufolie mit Butter bestreichen. Die Bauchlappen auf der Folie übereinanderlegen und stramm zu einer Wurst zusammenrollen. Die Lachswurst auf dem Grill bei 100 °C indirekter Hitze etwa 15 Minuten garen. Dann vorsichtig aus der Folie nehmen und bei direkter Hitze grillen, bis die Haut knusprig ist.

4. Für die Ceviche die Abschnitte von der Lachsseite von der Haut schneiden und etwa 5 mm groß würfeln. Die Fischwürfel mit den restlichen Zutaten für die Ceviche – außer dem Salz – verrühren und die Masse für 2 Stunden in den Kühlschrank stellen. Die Ceviche mit Salz abschmecken und kalt servieren.

HAMACHI
COLLAR

ZUBEREITUNG:
1 STUNDE 15 MINUTEN

FÜR 4 PERSONEN
ALS HAUPTGERICHT

FÜR DAS KARTOFFELPÜREE
800 g mehligkochende
Kartoffeln
Salz
250 ml Milch
20 g Butter
frisch gemahlener Pfeffer
Muskatnuss, frisch gerieben

8 Collars von der jungen
Gelbschwanzmakrele
(Teil vom Kiemenbogen
bis zum Kiefer)
2 EL Olivenöl
2 Limetten
2 EL gesalzene Butter
1 Gemüsezwiebel
200 g frisches Sauerkraut

ZUBEREITUNG

1. Die Kartoffeln schälen, in gesalzenem Wasser (16 g Salz pro Liter) weich kochen, abgießen und zerstampfen oder durch die Kartoffelpresse drücken. Die Milch mit der Butter erwärmen und unter die Kartoffeln ziehen. Das Kartoffelpüree mit Salz, Pfeffer und Muskatnuss abschmecken und zugedeckt warm stellen.

2. Die Collars leicht salzen und mit Olivenöl bestreichen. Die Limetten halbieren. Den Fisch direkt von beiden Seiten unter mehrmaligem Wenden etwa 3 Minuten grillen, bis sich hier und da Blasen und Röststellen bilden. Die Limetten mit der Schnittfläche nach unten ebenfalls grillen. Die Temperatur auf 100 °C reduzieren und den Fisch weitere 10 Minuten bei geschlossenem Deckel ziehen lassen.

3. Die gesalzene Butter schmelzen lassen. Die Gemüsezwiebel fein hobeln oder in sehr dünne Streifen schneiden, leicht salzen und 10 Minuten ruhen lassen. Dann die Zwiebelstreifen kräftig ausdrücken. Das Sauerkraut ebenfalls kräftig ausdrücken. Zwiebel und Sauerkraut mischen.

4. Das Zwiebelsauerkraut leicht pfeffern und unter das heiße Kartoffelpüree heben. Die Collars mit dem Püree auf vier Tellern anrichten und mit dem warmen Limettensaft und der Butter beträufeln oder den Fisch auf Tellern anrichten, mit Butter und Limettensaft beträufeln und das Püree separat dazu reichen.

BONITO
AUF DER
SALZPLANKE

**2 Salzplanken
(ersatzweise eine Gussplatte)**

**1 TL Mehl
2 Bonitofilets (etwa 500 g;
vom Fischhändler vorbereiten
lassen)
4 EL Olivenöl
1 unbehandelte Zitrone
2 EL helle Sojasauce
frisch gemahlener Pfeffer
Salz**

ZUBEREITUNG: 30 MINUTEN

FÜR 4 PERSONEN
ALS HAUPTGERICHT

ZUBEREITUNG

1. Die Salzplanken auf den Grill legen und auf 180 °C vorheizen.

2. Das Mehl in ein Sieb geben und die Hautseite der Filets damit bestauben. Ein paar Tropfen Olivenöl auf die heißen Salzplanken geben und die Fischfilets mit der Hautseite auflegen. Die Zitrone halbieren und mit der Schnittfläche auf die Salzplanken legen. Die Fleischseite der Filets zuerst mit Sojasauce und dann mit Olivenöl bestreichen, pfeffern.

3. Die Salzplanke auf eine kältere Stelle des Grills legen. Den Grilldeckel schließen, die Temperatur des Grills auf die Hälfte reduzieren und den Fisch etwa 10 Minuten ziehen lassen, er sollte nicht komplett durchgaren.

4. Die Salzplanke vom Grill nehmen, den Bonito etwas salzen, mit dem warmen Zitronensaft beträufeln und etwas Zitronenschale darüberreiben.

HUMMER
AUF GEGRILLTER MELONE

MARINIEREN:
1 STUNDE 30 MINUTEN

ZUBEREITUNG: 30 MINUTEN

FÜR 4 PERSONEN
ALS HAUPTGERICHT

1 Wassermelone
100 ml Zitronensaft
1 Stange Lauch
200 g Butter
1 TL Zitronenthymian-
blättchen
abgeriebene Schale von
1 unbehandelten Zitrone
4 Hummerschwänze
1 TL Estragon
1 Msp. Vanillemark
frisch gemahlener Pfeffer
Salz

ZUBEREITUNG

1. Die Melone zuerst in etwa 2 cm dicke Scheiben und diese in etwa 15 cm lange und 6 cm breite Stücke schneiden. Die Kerne aus den Stücken entfernen.

2. Die Melonenstücke für 30 Minuten auf Küchenpapier legen, dabei mehrmals wenden und das Küchenpapier, wenn es nass ist, austauschen. Danach die Fruchtstücke mit dem Zitronensaft in einen Gefrierbeutel geben und 1 Stunde marinieren.

3. Den Lauch waschen und putzen. Die Stange zuerst in 10 cm breite Stücke und dann in dünne Streifen schneiden. Die Streifen mit der Butter, dem Thymian und der Zitronenschale in eine Aluschale geben, leicht salzen und pfeffern und 20 Minuten bei 180 °C indirekt grillen, dabei zwei- bis dreimal umrühren.

4. Die Melone aus dem Gefrierbeutel nehmen, auf Küchenpapier legen und trocken tupfen. Die Melonenstücke und Hummerschwänze direkt von beiden Seiten 2–3 Minuten grillen. Dann den Hummer auf eine kältere Zone des Grills legen und bei 150 °C weitere 10 Minuten garen.

5. Die Melonenstücke auf vier Teller geben. Den gegarten Lauch ein wenig abtropfen lassen und auf der Melone verteilen. Darauf je einen Hummer-schwanz legen und mit der Lauchbutter aus der Aluschale beträufeln.

WOLFSBARSCH
IN HEU

ZUBEREITUNG: 1 STUNDE

FÜR 4 PERSONEN
ALS HAUPTGERICHT

**1 Beutel Wiesenheu
(Tierfutter)**

**1 Wolfsbarsch, geschuppt und
ausgenommen
Salz
frisch gemahlener Pfeffer
1 unbehandelte Zitrone
1 EL Thymianblättchen
1 EL Rosmarinblätter
1 EL Dill
1 TL Fenchelsamen
2 EL Olivenöl**

ZUBEREITUNG

1. Den Wolfsbarsch von innen salzen und pfeffern. Die Zitrone in acht Stücke schneiden. Die Kräuter und Fenchelsamen mit dem Öl und der in Stücke geschnittenen Zitrone in eine Schüssel geben und verrühren. Die Kräutermischung in die Bauchhöhle des Wolfsbarschs geben.

2. Eine Handvoll Heu in einer Schüssel anfeuchten und dann um den Fisch wickeln. Das restliche trockene Heu außen um den Fisch herumwickeln.

3. Das Fischpaket für 30–45 Minuten auf den auf 180 °C vorgeheizten Grill legen. Das äußere Heu fängt Feuer, aber das feuchte Heu schützt den Fisch vor dem Verbrennen und lässt ihn langsam garen.

4. Den Fisch vom Grill nehmen, das Heu gründlich entfernen und den Fisch in vier Portionen auf Tellern anrichten.

FELCHEN
AM SPIESS

8 flache Metallspieße

8 Felchenfilets mit Haut
Salz
frisch gemahlener Pfeffer
1 EL warmer Zitronensaft
2 EL Olivenöl

ZUBEREITUNG: 15 MINUTEN

FÜR 4 PERSONEN
ALS VORSPEISE

ZUBEREITUNG

1. Die Felchenfilets auf die Metallspieße fädeln. Die Spieße auf den Grill legen und die Fischfilets auf jeder Seite 2 Minuten direkt grillen oder mit der Hautseite nach unten 6 Minuten im geschlossenen Grill bei 180 °C garen.

2. Die Fischfilets vom Spieß streifen, mit Salz und Pfeffer würzen und mit dem Zitronensaft sowie dem Olivenöl beträufeln.

3. Pro Person zwei Spieße auf einen Teller legen und servieren.

DORADE
MIT ZITRONEN-WÜRZBUTTER

ZUBEREITUNG: 45 MINUTEN

FÜR 4 PERSONEN
ALS HAUPTGERICHT

Keramik-Fischhalter

4 Doraden (à etwa 500 g), geschuppt und ausgenommen
Fleur de Sel
100 ml Olivenöl
100 g Butter, raumtemperiert
abgeriebene Schale von 1 unbehandelten Zitrone
1 TL fein geschnittener Estragon
1 TL fein geschnittener frischer Dill
1 TL fein geschnittene frische Zitronenthymianblättchen
frisch gemahlener schwarzer Pfeffer

TIPP

Wer keinen Keramik-Fischhalter besitzt, kann sich auch aus Alufolie einen Fischhalter basteln. Wichtig ist, dass der Fisch auf dem Grill aufrecht steht.

ZUBEREITUNG

1. Die Doraden von innen und außen salzen und mit Olivenöl bepinseln.

2. Die Fische auf den Fischhalter setzen. Die Rückenflossen mit einer Schere abschneiden, die Fische an der Oberseite vorsichtig aufschneiden und von der Haut einen 1–2 cm breiten Streifen ablösen.

3. Die Butter mit der Zitronenschale, dem Estragon, dem Dill und dem Thymian verrühren und mit Fleur de Sel und Pfeffer abschmecken. Die Würzbutter oben auf den Fischen verteilen.

4. Die Fische 20 Minuten bei 120 °C und dann noch mal 10–15 Minuten bei 180 °C indirekt grillen. Die Butter schmilzt während des Grillens und läuft auch von oben unter die Haut.

STECKERL-SAIBLING
MIT KOHLRABI-SPAGHETTI

I Saibling
Salz
I unbehandelte Zitrone
frisch gemahlener Pfeffer
I EL Thymianblättchen
I TL Fenchelsamen
I EL Dillspitzen
I EL Estragon
100 g Butter

FÜR DIE KOHLRABI-SPAGHETTI
Spiralschneider

I Kohlrabi
I EL süße Chilisauce
2 EL Olivenöl
Salz

ZUBEREITUNG: 45 MINUTEN

FÜR 2 PERSONEN
ALS HAUPTGERICHT

ZUBEREITUNG

1. Den Saibling innen und außen salzen. Die Zitronenschale abreiben. Den Fisch innen mit Zitronenschale, Pfeffer und Thymian würzen. Den Grill auf 180 °C vorheizen. Die Butter mit den Fenchelsamen, dem Dill und dem Estragon in einer Aluschale, in die alle vier Fischfilets nebeneinander hineinpassen auf dem Grill schmelzen lassen.

2. Den Fisch auf den Spieß stecken. Den Grillspieß mitsamt Fisch am Rost fixieren (siehe Bild rechts). Die Zitrone halbieren und mit der Schnittfläche auf den Rost legen. Fisch und Zitrone 15–20 Minuten bei geschlossenem Deckel grillen, bis sich die Rückenflosse des Saiblings ohne Widerstand herausziehen lässt.

3. Die Kohlrabi mit einem Spirali (Gemüseschneidemaschine) schneiden und mit der Chilisauce, dem Olivenöl und einer Prise Salz in eine Aluschale geben. Das Gemüse mit Alufolie abdecken, zu dem Fisch auf den Grill stellen und etwa 30 Minuten indirekt grillen.

4. Den Fisch vom Stecken nehmen. Die Haut vorsichtig abziehen und den Fisch filetieren. Die Haut auf dem heißen Grill direkt knusprig grillen. Dabei das austretende Fett mit Küchenpapier abtupfen. Während die Haut grillt, die Fischfilets in die zerlassene Kräuterbutter legen und den Saft aus der warmen Zitrone darüber ausdrücken. Auf vier Tellern die Kohlrabispaghetti mit Fisch und Haut anrichten.

TASCHEN-KREBS
AUF QUELLER

ZUBEREITUNG: 20 MINUTEN

FÜR 4 PERSONEN
ALS VORSPEISE

1,5 kg Taschenkrebsscheren,
vorgegart
Salz
2 EL Zitronensaft
250 g Queller (*Salicornia*; auch
als Meeresspargel oder Glas-
schmalz bekannt)
3 EL Rapsöl
frisch gemahlener Pfeffer

SCHON GEWUSST?

Queller wächst im Watt und auch
am Strand und ist daher sehr salz-
haltig. Man kann ihn auch trocknen,
anschließend mahlen und zum
Salzen verwenden.

ZUBEREITUNG

1. Die vorgekochten Krebsscheren auf dem Grill von beiden Seiten kurz
grillen. Den harten Panzer mithilfe einer Zange oder Ähnlichem knacken.
Das Krebsfleisch leicht salzen und mit Zitronensaft beträufeln.

2. Den Queller in einer Pfanne in etwas Rapsöl schwenken, mit Pfeffer würzen
und ein wenig Zitronensaft dazugeben.

3. Den Queller auf vier Teller verteilen und die Taschenkrebsscheren dekorativ
darauf anrichten.

Finkenwerder
Art

Hähnchen
Haut

Doppel-
forelle

FORELLEN-TERZETT

6 Forellenfilets
10 g Activa GS
(Transglutaminasepulver)
2 Hähnchenhäute
vom Brustfilet
2 Streifen Serranoschinken
Salz
frisch gemahlener Pfeffer
½ Zitrone

WIRKZEIT DER TRANSGLUTA-
MINASE: 5 STUNDEN

ZUBEREITUNG: 20 MINUTEN

FÜR 4 PERSONEN
ALS ZWISCHENGANG

ZUBEREITUNG

1. Das Activa in eine Schüssel geben und unter ständigem Rühren mit einem Schneebesen 50 ml 10–15 °C warmes Wasser zugeben. Die Innenseite der Forellenfilets damit bestreichen.

2. Zwei Filets jeweils mit Serranoschinken, und zwei weitere mit Hähnchenhaut belegen. Die verbleibenden Filets gegeneinander, also das dicke auf das dünne Ende und umgekehrt, übereinanderlegen. Sämtliche Filets vakuumieren oder fest in Frischhaltefolie einwickeln und für mindestens 5 Stunden in den 2–4 °C kalten Kühlschrank legen.

3. Die Filets aus der Folie wickeln oder aus dem Vakuumbeutel nehmen und direkt von beiden Seiten bei mittlerer Hitze unter öfterem Wenden knusprig braten. Anschließend etwa 10 Minuten bei niedriger Hitze – ungefähr 70 °C – ziehen lassen. Die halbe Zitrone mit der Schnittfläche auf den Grill legen und dort erwärmen. Die Filets in mundgerechte Stücke schneiden, mit Salz und Pfeffer würzen und mit etwas warmem Zitronensaft beträufeln.

TIPP

Wo bekommt man Hähnchenhaut? Ich empfehle, Hähnchenbrustfilet mit Haut zu kaufen und diese vom Fleisch abzuziehen. Von der Innenseite der Haut mit einem Messer das Fett so gut wie möglich abstreifen. Die Haut salzen, in Frischhaltefolie wickeln und über Nacht in den Kühlschrank legen. Vor der Verwendung die Hähnchenhaut abwaschen und trocken tupfen. Wer öfter Hähnchenbrustfilets zubereitet und die Häute dafür nicht benötigt, kann die Haut auch auf Vorrat einfrieren. Ich habe immer ein paar Hähnchenhäute im Tiefkühlfach und mache daraus Chips oder Ähnliches.

TOMATEN
SPARGEL
PAPRIKA
ZWIEBELN
CHILI
EDAMER
CHESTER

VEGETARISCH

CHAMPIGNONS
ROTE BETE
WIRSING
ROSENKOHL
BROKKOLI
BLUMENKOHL
PASTINAKEN
KAROTTEN
AUSTERNPILZE
SHIITAKEPILZE
STEINPILZE

VEGETARISCH

Gemüse ist heutzutage nicht mehr vom Grill wegzudenken – ob als geschmackvolle Beilage zu Fisch oder Fleisch oder als komplett vegetarischer Hauptgang.

Die vegetarische Ernährung ist längst salonfähig geworden. Nicht wenige Menschen bevorzugen gegrilltes Gemüse, Pilze oder Salat als herzhaftes Hauptgericht und Früchte als Dessert – aus ethischen oder auch aus rein geschmacklichen Gründen. Jedoch ist bei vielen konservativen Grillern Gemüse auf dem Rost eine Seltenheit. Sie legen fast schon mit Widerwillen ein in Alufolie gewickeltes Gemüsepäckchen auf den Grill. Gemüsespieße, die nach bunten Farben und nicht nach Garzeiten zusammengewürfelt wurden, oder ähnliches nicht unter Alufolie verstecktes Gemüse behandeln sie wie Fremdkörper auf dem Grill. Im Gegensatz dazu habe ich bei Veranstaltungen auch schon für Vegetarier gegrillt, die nichts von einem Grill essen wollten, auf dem Fleisch gelegen hat. Für solche Fälle habe ich immer eine neue Grillzange und Alugrillschalen dabei.

FLEISCHLOSE KOST VOM GRILL IST EIN MUSS

Da ein Caterer, ein Gastronom oder der fortschrittliche Griller davon ausgehen muss, dass bei jeder Veranstaltung 8 % Vegetarier zu Gast sind, kommt man um fleischlose Kost vom Grill nicht mehr herum – ich rede hier nicht von Kartoffel- oder Nudelsalat und ein paar Gemüsepäckchen. Auch die stetig steigende Zahl der Flexitarier, diejenigen, die ihren Fleischkonsum einschränken möchten, verlangt nach vegetarischen Alternativen vom Grill.

Das erfordert von uns Grillern ein Umdenken. Ich muss ehrlich zugeben: Als ich mich an das vegetarische Kapitel für dieses Buch setzte, fiel es mir anfangs ein wenig schwer, Ideen zu entwickeln. Aber die Lust, fleischloses Grillgut zuzubereiten, und der Appetit darauf, stiegen bei jedem Probegrillen. Da ich zu den Every-Day-Grillern zähle – na ja, nicht jeden Tag, aber sehr oft –, war es für mich zwar alltäglich, Obst und Gemüse auf dem Grill zuzubereiten, aber meistens lief das mehr nach dem Motto »Kühlschrankaufräumen«

ÜBERRASCHUNGEN GARANTIERT

Für ein Buch spezielle vegetarische Rezepte schreiben zu müssen, ging mir nicht so leicht von der Hand wie das Kreieren von Fleisch- und Fischrezepten. Ich habe mich im Internet und von Spitzenköchen wie Nils Henkel und Michael Hoffmann inspirieren lassen und entdeckte, dass man mit Gemüse und Obst vom Grill kulinarische Überraschungen erleben kann. Vermieden habe ich, Produkte wie Tofu, Seitan oder Tempeh in den Rezepten einzusetzen. Warum sollte es beim Zubereiten eines vegetarischen Gerichts das Ziel sein, Fleisch in Aussehen, Geschmack und Textur zu simulieren? Eine Ausnahme gibt es: Bei meinem ToMeato-Burger war es volle Absicht. Bitte verstehen Sie mich nicht falsch: Natürlich haben Produkte wie Tofu in der vegetarischen Küche als Eiweißlieferant durchaus ihre Berechtigung, aber ein fortschrittlicher Griller sollte an sich den Anspruch haben, Produkte der Saison zu verarbeiten. Aufgrund des stets verfügbaren reichhaltigen Angebots ist es kein Problem, das ganze Jahr über Spargel, Zucchini und Ähnliches auf den Grill zu legen, aber für mich besteht die Herausforderung darin, mit Steckrübe, Wirsing und Schwarzwurzeln in den Herbst- und Wintermonaten etwas Ansprechendes und Geschmackvolles vom Grill auf der Teller zu bringen.

Verschiedene Techniken abseits vom Grill bereichern den Gschmack und erweitern die Palette der vegetarischen Gerichte enorm. Beispielsweise bringt das leichte Trocknen von Gemüse den natürlichen Eigengeschmack viel besser zur Geltung. Das Entsaften von gegrilltem Salat oder Spargel als Sauce steuern köstliche Nuancen bei. Das Infundieren von Ölen (Kräuter in Öl einlegen), das Arbeiten mit einem Püree aus gegrillten Produkten und das Sousvide-Garen mit anschließendem Grillen sorgen bei zahlreichen Gerichten für den entscheidenden Unterschied. Dann wird das bisschen Gemüse auf dem Grill zum

SAISONKALENDER

F = Frisch   L = Lagerware

Obst	Jan	Feb	März	April	Mai	Juni	Juli	Aug	Sept	Okt	Nov	Dez
Äpfel	L	L	L	L	L		F	F	F	F	F	L
Aprikosen							F	F				
Birnen	L						F	F	F	F	F	L
Brombeeren							F	F	F	F		
Cranberrys	F								F	F	F	F
Erdbeeren				F	F	F	F	F				
Heidelbeeren						F	F	F	F	F		
Himbeeren						F	F	F	F	F		
Kirschen						F	F	F	F	F		
Mirabellen							F	F	F			
Pfirsiche							F	F				
Pflaumen							F	F	F	F		
Preiselbeeren								F	F	F		
Reneklloden							F	F				
Trauben								F	F	F		
Zwetschgen							F	F	F	F		

Gemüse	Jan	Feb	März	April	Mai	Juni	Juli	Aug	Sept	Okt	Nov	Dez
Aubergine						F	F	F	F	F		
Blumenkohl			F	F	F	F	F	F	F	F	F	F
Brokkoli			F	F	F	F	F	F	F	F	F	F
Chinakohl	L	L	L	L	F	F	F	F	F	F	F	L
Dicke Bohnen				F	F	F	F	F				
Erbsen						F	F	F	F	F		
Fenchel						F	F	F	F	F	F	
Frühlings-zwiebeln				F	F	F	F	F	F	F		
Gemüsemais							F	F	F	F		
Grüne Bohnen					F	F	F	F	F	F		
Grünkohl	F	F	F							F	F	F
Herbstrübe	L	L	L				F	F	F	F	F	L
Karotten	L	L	L	L	L	F	F	F	F	F	L	L
Kartoffeln	L	L	L	L	L	F	F	F	F	F	L	L
Knoblauch	L	L	L	L	L	L	F	F	F	L	L	L
Knollensellerie	L	L	L	L	L	L	F	F	F	F	F	L
Kohlrabi				F	F	F	F	F	F	F	F	F
Kürbis	L	L	L				F	F	F	F	F	F
Lauch	F	F	F	F	F	F	F	F	F	F	F	F
Mangold						F	F	F	F	F	F	

	Jan	Feb	März	April	Mai	Juni	Juli	Aug	Sept	Okt	Nov	Dez
Meerrettich	F	F	F	F	L	L	L	L	F	F	F	F
Pak Choi						F	F	F	F	F	F	F
Paprika						F	F	F	F	F	F	F
Pastinake	F/L	F/L	F/L	F/L					F	F	F	F
Radieschen				F	F	F	F	F	F	F	F	
Rettich				F	F	F	F	F	F	F		
Rhabarber			F	F	F	F						
Romanesco				F	F	F	F	F	F	F	F	F
Rosenkohl	F	F	F						F	F	F	F
Rote Bete	L	L	L	L	L	F	F	F	F	F	F	L
Rotkohl	L	L	L	L	F	F	F	F	F	F	F	F
Salatgurken						F	F	F	F	F		
Schmorgurken						F	F	F	F	F		
Schwarzwurzel	F/L	F/L	F/L	F/L					F	F	F	F/L
Spargel				F	F	F						
Spinat				F	F	F	F	F	F	F	F	
Spitzkohl	L	L			F	F	F	F	F	F	F	F
Stangensellerie						F	F	F	F	F	F	
Steckrübe	L	L	L						F	F	F	F
Tomaten					F	F	F	F	F	F	F	
Topinambur	F	F	F	F	F					F	F	F
Weißkohl	L	L	L	L	L	F	F	F	F	F	F	F
Winterrettich	F	F								F	F	F
Wirsing	F/L	F/L	L	F	F	F	F	F	F	F	F	F/L
Zucchini						F	F	F	F	F		
Zwiebeln	L	L	L	L	L	L	F	F	F	F	L	L

Salat	Jan	Feb	März	April	Mai	Juni	Juli	Aug	Sept	Okt	Nov	Dez
Chicorée	F	F	F	F	F	F	F	F	F	F	F	F
Eichblattsalat					F	F	F	F	F	F		
Eisbergsalat					F	F	F	F	F	F		
Endivien, Frisée					F	F	F	F	F	F	F	F
Feldsalat	F	F	F						F	F	F	F
Kopfsalat					F	F	F	F	F	F		
Lollo Rosso, Bionda					F	F	F	F	F	F		
Radicchio	L	L				F	F	F	F	F	F	L
Romana					F	F	F	F	F	F	F	
Rucola				F	F	F	F	F	F	F	F	
Zuckerhut	F	F	F							F	F	F

TOMEATO-BURGER

TROCKNEN: 4 STUNDEN

ZUBEREITUNG: 20 MINUTEN

FÜR 4 PERSONEN

Gussplatte

4 große Ochsenherztomaten
Salz
1 Gemüsezwiebel
frisch gemahlener Pfeffer
100 ml BBQ-Sauce
1 EL Olivenöl
4 Burgerbrötchen
100 g Parmesan, in Späne
gehobelt
2 EL frisch gehacktes
Koriandergrün

SCHON GEWUSST?

Tomaten enthalten von Natur aus Glutamat, und dies konzentriert sich beim Trocknen in der Frucht. Glutamat sorgt für den sogenannten Umami-Geschmack in Lebensmitteln. Umami wird als der fünfte Geschmackssinn bezeichnet und steht für fleischige, herzhafte Aromen (siehe Seite 20). Diese fleischigen, herzhaften Aromen sind auch der Grund, warum der Burger To-Meato-Burger heißt, denn im ersten Moment schmeckt man gar nicht, dass man in einen Veggie-Burger beißt.

ZUBEREITUNG

1. Von den Tomaten an der Ober- und Unterseite jeweils einen 1–2 cm dicken Deckel abschneiden.

2. Die Tomaten leicht salzen. Einen Backrost auf ein Backblech legen. Die Tomaten nebeneinander darauflegen und in den Backofen schieben. Die Backofentür einen Spaltbreit öffnen, den Ofen auf 60 °C Umluft schalten und die Tomaten trocknen, bis sie noch maximal 2 cm hoch sind. Das Trocknen dauert etwa 4 Stunden. Wer ein Dörrgerät besitzt, kann die Tomaten auch darin trocknen.

3. Die Gemüsezwiebel in dünne Ringe schneiden und auf der Gussplatte oder in einer Aluschale auf dem Grill anbräunen. Danach leicht pfeffern. Die BBQ-Sauce in eine Aluschale geben und auf dem Grill erwärmen.

4. Die getrockneten Tomaten mit Olivenöl bestreichen und von beiden Seiten grillen. Die Brötchenhälften auf dem Grill leicht rösten. Die untere Hälfte eines jeden Brötchens mit warmer BBQ-Sauce bestreichen. Die Tomaten darauflegen und darauf die Zwiebeln, den gehobelten Parmesan und das Koriandergrün verteilen.

VEGETARISCH

SPARGEL
MIT EISCHNEEBALL

ZUBEREITUNG: 1 STUNDE

FÜR 4 PERSONEN
ALS VORSPEISE

Entsafter

1 kg Spargel (22–28 Stangen)
100 g Butter
Salz

1 Prise Zucker
1 TL abgeriebene Schale
von 1 unbehandelten Zitrone
4 Eier
frisch gemahlener Pfeffer

ZUBEREITUNG

1. Den Spargel schälen. Die Spargelstangen mit der Butter, zwei Prisen Salz, dem Zucker und der Zitronenschale in einen Gefrierbeutel geben. Den Beutel vakuumieren oder die Luft anderweitig aus dem Beutel entfernen (siehe Seite 29). In einem Topf oder Sous-Vide-Gerät Wasser auf 80 °C erhitzen, den Spargelbeutel hineingeben und das Gemüse 35 Minuten sous-vide garen.

2. Den Kochbeutel mit dem Spargel aus dem Wasser nehmen und den Beutel vorsichtig öffnen. Die Flüssigkeit herausgießen und warm stellen. Den Spargel auf dem heißen Grill direkt grillen, bis er leichte Röststellen aufweist. Sechs bis acht Stangen Spargel davon nehmen und entsaften. Den Saft zu dem beiseitegestellten Sud aus dem Sous-vide-Beutel geben und warm stellen.

3. Während der Spargel gart, die Eier trennen. Das Eigelb beiseitestellen. Das Eiweiß sehr steif schlagen, dabei eine Prise Salz hinzufügen. Vier Tassen oder Servierringe mit Frischhaltefolie auskleiden und in jede Tasse oder jeden Ring 2 EL Eischnee geben. Darauf vorsichtig je ein rohes Eigelb setzen, mit Salz und Pfeffer würzen und mit weiteren 2 EL Eischnee bedecken.

4. Die Ecken einer Folie greifen und das Ei vorsichtig aus der Tasse oder dem Ring heben. Die Folienenden straff zu einem Beutel zusammendrehen und mit Küchengarn verschließen. Mit den anderen Eiern genauso verfahren.

5. Wasser in einem Wasserbad auf 70 °C erhitzen, die Eier hineingeben und 20 Minuten bei 70 °C garen. Die Eier müssen vollständig von Wasser umgeben sein. Um sicherzustellen, dass sie untertauchen, kann man am Küchengarn ein Gewicht befestigen. Das gegarte Ei ähnelt einem Wattebausch aus gestocktem Eiweiß. Diesen Bausch aus dem Wasser nehmen, vorsichtig aus der Folie wickeln, auf den Grill legen und bei 230 °C 4 Minuten indirekt grillen. Das Ei sollte außen Farbe nehmen und kross werden.

6. Die gegrillten Spargelstangen auf vier Tellern anrichten. Den Eischneeball daraufsetzen und mit ein wenig Spargelsaft überziehen. Die Schneebälle aufreißen, sodass flüssiges Eigelb herausläuft.

VEGETARISCH

WOKGEMÜSE

2 EL Sonnenblumenöl
1 TL fein gewürfelter Ingwer
1 TL fein gewürfelte rote Chilischote
1 TL fein gewürfelter Knoblauch
je ½ rote, grüne und gelbe Paprikaschote, in Streifen geschnitten
1 Bund Frühlingszwiebeln, in Ringe geschnitten
200 g Mungbohnensprossen
2 EL Sojasauce
Salz
1 Handvoll frisch gehacktes Koriandergrün

ZUBEREITUNG:
30 MINUTEN

FÜR 4 PERSONEN
ALS VORSPEISE

ZUBEREITUNG

1. Den Wok stark erhitzen und vorsichtig das Öl hineingeben, am besten langsam über den Rand hineinlaufen lassen.

2. Ingwer, Chili und Knoblauch in den Wok geben und rühren. Nach 10 Sekunden erst die Paprika in den Wok geben und schwenken und dann das restliche Gemüse hinzufügen. Den Wok dabei mindestens alle 10 Sekunden schwenken.

3. Nach 2–3 Minuten das Gemüse mit der Sojasauce und Salz abschmecken. Auf vier Tellern anrichten und mit Koriandergrün bestreuen.

PIMENTOS DEL PADRON

2 EL Sonnenblumenöl
20 Pimentos (Bratpaprika)
Meersalzflocken
2 EL frisch geriebener Parmesan

ZUBEREITUNG:
5 MINUTEN

FÜR 4 PERSONEN
ALS VORSPEISE

ZUBEREITUNG

1. Den Wok stark erhitzen und vorsichtig das Öl hineingeben, am besten langsam über den Rand hineinlaufen lassen. Nach 10 Sekunden die Pimentos hineingeben und 2–3 Minuten garen, bis sie Blasen werfen, dabei den Wok alle 10 Sekunden schwenken.

2. Die Pimentos leicht salzen, noch mal kurz schwenken, auf vier Teller geben und mit dem Parmesan bestreuen.

SCHON GEWUSST?

Woken kann man ausgezeichnet auf der Sizzle Zone auf einigen Napoleon Grills. Da dort eine Hitze von weit über 700 °C entsteht, erreicht man fast die Temperaturen, die man in Asien für das Garen im Wok nach der Bao-Methode (über 1000 °C und ständiges Schwenken) benötigt. Dafür reicht eine handelsübliche Wokpfanne aus Stahl. Alternativ kann man seinen Holzkohlegrill sehr hoch heizen und die Pfanne direkt über die rotglühenden Kohlen setzen.

Auf dem Bild sieht man, wie ich das Gemüse in die Höhe werfe, um mit verschiedenen Hitzezonen zu arbeiten. Direkt in der Pfanne haben wir eine Brat- oder Konduktionszone (direkte Wärmeübertragung), in der das Gargut durch das Fett und den direkten Kontakt zur Pfanne gegart wird. Durch die hohe Temperatur verdampft das aus dem Gargut austretende Wasser schnell, und Bräunungsreaktionen (Maillardreaktion) treten schnell ein, was den berühmten Geschmack, der beim Garen im Wok entsteht, den »Wok Hei«, unterstützt. Weiter oben in der Pfanne sehen wir Wasserdampf, die sogenannte Dampf- oder Kondensationszone. Hier schlägt sich heißer Wasserdampf am Gemüse nieder und gart es. Darüber gibt es noch einen kühleren Bereich, die Konvektionszone. Auch dort gart das Gemüse durch die heiße Luft weiter. Beim Woken nach der Bao-Methode durchläuft das Gargut in kurzen Abständen diese drei Zonen und wird dabei gleichmäßig gegart. Hierbei gilt natürlich auch: das Gemüse mit den längsten Garzeiten zuerst in den Wok geben.

Den Wok nur mit heißem Wasser und einer Bürste reinigen. Im Asia-Shop gibt es dafür extra Bambusbürsten. Beim Woken ensteht eine Patina am Wok, die erhalten bleiben sollte. Zudem ist es beim Garen im Wok wichtig, dass das Mise en Place (alle Zutaten stehen geschnitten bereit) steht. Aufgrund der großen Hitze im Wok kann ich nicht zwischendurch noch mit dem Schnippeln anfangen. Dann würde das Gargut, das schon im Wok ist, verbrennen.

Die Pimentos sind nach ihrer Heimat benannt, denn sie kommen ursprünglich aus Padron, der Hauptstadt Galiciens.

STRAMMER MAX

MIT TOMATENTATAR

TROCKNEN: 1 STUNDE

ZUBEREITUNG: 15 MINUTEN

FÜR 4 PERSONEN
ALS VORSPEISE

2 Ochsenherztomaten
2 EL getrocknete Tomaten
2 EL Olivenöl
1 TL Senf
Salz
frisch gemahlener Pfeffer
2 große Scheiben Vollkorn-
oder Mischbrot
2 EL Butter
4 Wachteleier
1 EL Kapern
1 saure Gurke

ZUBEREITUNG

1. Die Tomaten in etwa 1 cm dicke Scheiben schneiden und auf dem Grill oder im Backofen bei 80 °C etwa 1 Stunde trocknen lassen.

2. Die Tomaten vom Grill oder aus dem Ofen nehmen, etwas abkühlen lassen und dann in kleine Würfel schneiden. Die getrockneten Tomaten ebenfalls fein würfeln. Beides in eine Schüssel geben, mit dem Olivenöl und dem Senf vermischen und mit Salz und Pfeffer würzen.

3. Aus den Brotscheiben mit einem Ring mit etwa 10 cm Durchmesser Kreise ausstechen und diese mit der Butter bestreichen. Das Tomatentatar darauf verteilen.

4. Die Wachteleier auf einer Gussplatte oder in der Pfanne braten. Die Spiegeleier auf das Tatar setzen und mit Salz und Pfeffer würzen. Die Brote mit den Kapern und der in Scheiben oder Stäbchen geschnittenen sauren Gurke garnieren und servieren.

VEGETARISCH

GRILL-RACLETTE

ZUBEREITUNG: 15 MINUTEN

FÜR 15–20 PERSONEN ALS
VORSPEISE

1 kg Edamer
1 kg Chester
500 g Tortillachips

ZUBEREITUNG

1. Jedes Käsestück von der Rinde befreien und in etwa 6 cm große Würfel schneiden. Die Würfel abwechselnd auf den Drehspieß stecken und vor dem Backburner grillen. Die Tortillachips in eine große feuerfeste Schale geben und unter den Spieß auf den Grill stellen.

2. Sobald eine Seite des Käses geschmolzen und auf die Tortillachips getropft ist, den Motor des Drehspießes anstellen, sodass dieser den Käsespieß um 90° dreht. Den Motor ausstellen und warten, bis der Käse geschmolzen und auf die Tortillachips getropft ist. Dann den Motor wieder anstellen und den Spieß erneut um ein Viertel drehen.

3. Sobald aller Käse geschmolzen und auf die Tortillachips getropft ist, die Schale mit den Chips vom Grill nehmen und mitten auf den Tisch oder die Theke stellen. Wer mag, stellt kleine Teller daneben, damit das Gedränge um die Chips nicht allzu groß ist.

VEGETARISCH

PORTOBELLO-
BURGER

MARINIEREN: 30 MINUTEN

ZUBEREITUNG: 30 MINUTEN

FÜR 4 PERSONEN
ALS HAUPTGERICHT

**8 große Champignons
(Portobellos)
200 ml Sojasauce
1 Fladenbrot
1 große Tomate
100 g Schafskäse (Feta)
5 EL Frischkäse
2 TL frische Thymianblättchen
2 TL fein geschnittene
glatte Petersilie
Salz
frisch gemahlener Pfeffer
3 EL Olivenöl
4 EL Kresse (vorzugsweise
Kapuzinerkresse)**

SCHON GEWUSST?

Portobello ist die Bezeichnung für
einen großen Zuchtchampignon aus
der Familie der Egerlinge. Weltweit
ist er einer der meistangebauten
Speisepilze.

ZUBEREITUNG

1. Die Champignons putzen und die Stiele entfernen. Die Hüte mit der Unterseite nach oben auf eine Platte legen und in jeden Hut 1 EL Sojasauce
   geben. Die Pilze zum Marinieren für mindestens 30 Minuten beiseitestellen.

2. Aus dem Fladenbrot mit einem Ring mit 10 cm Durchmesser »Burgerbrötchen« ausstechen. Die Brötchen horizontal halbieren und die Schnittflächen
   auf dem Grill leicht rösten.

3. Die Tomate in 1–2 cm dicke Scheiben schneiden und ebenfalls auf dem Grill
   angrillen. Die überschüssige Sojasauce aus den Pilzen abgießen. Die Pilze
   ebenfalls von beiden Seiten leicht grillen, währenddessen immer wieder platt
   drücken.

4. Den Feta klein würfeln und mit 1 EL Frischkäse cremig rühren. Die Frisch-
   käse-Feta-Mischung dünn auf die Innenseite der Pilze streichen und jeweils
   zwei Pilze mit den Innenseiten aufeinanderlegen.

5. Den restlichen Frischkäse mit den Kräutern verrühren und mit Salz und
   Pfeffer würzen. Die Tomatenscheiben salzen und pfeffern und mit Olivenöl
   bestreichen. Zuerst die Tomaten und dann die zusammengeklappten Pilze
   auf die unteren Hälften der Burgerbrote legen. Die Pilze mit dem Kräuter-
   Frischkäse bestreichen und die Kresse darauf verteilen. Die Brötchendeckel
   auflegen und die Burger servieren.

VEGETARISCH

ROTE-BETE-CHUTNEY
VON VERONIQUE WITZIGMANN

Tee-Ei

1 Sternanis
½ Zimtstange
1 kleines Stück Ingwer
500 g Rote Bete, gekocht
½ Ananas
200 ml Rotwein
150 g rote Zwiebeln
1 kleine Knoblauchzehe
180 g brauner Zucker
½ TL abgeriebene Schale von
1 unbehandelten Orange
80 ml Rotweinessig
1 Msp. mildes Currypulver
1 Msp. Cayennepfeffer
1 Prise gemahlener
Kardamom
Salz
frisch gemahlener Pfeffer

ZUBEREITUNG:
45 MINUTEN

ERGIBT 5 GLÄSER À 200 ML

ZUBEREITUNG

1. In das Tee-Ei den Sternanis, die halbe Zimtstange und den Ingwer füllen und das Tee-Ei verschließen. Die Rote Bete schälen und in kleine Würfel schneiden. Die Ananashälfte längs halbieren, den harten Strunk entfernen und die Ananas schälen. 200 g Fruchtfleisch abwiegen und klein würfeln. Den Rotwein in einen kleinen Topf gießen, aufkochen und auf 100 ml reduzieren.

2. Die Zwiebeln schälen und in feine Würfel schneiden. Den Knoblauch zerdrücken. Beides in einen Topf geben, mit dem braunen Zucker mischen und unter Rühren bei mittlerer Temperatur erwärmen, bis der Zucker geschmolzen ist.

3. Die Rote-Bete- und Ananaswürfel sowie die Orangenschale dazugeben und aufkochen. Die Mischung mit dem reduzierten Rotwein ablöschen und den Essig dazugeben. Das Gewürz-Tee-Ei in das Chutney hängen und das Chutney in etwa 20 Minuten dicklich einkochen lassen, dabei das Rühren nicht vergessen.

4. Das Tee-Ei aus dem Chutney entfernen, das Chutney mit den gemahlenen Gewürzen sowie Salz und Pfeffer abschmecken, noch heiß in die vorbereiteten Gläser füllen und diese verschließen.

TORTILLA-WRAPS
MIT ROTE-BETE-CHUTNEY

Gussplatte

8 Schalotten
1 Gemüsezwiebel
2 rote Zwiebeln
Salz
4 Tortilllawraps
200 g Frischkäse
200 ml Rote-Bete-Chutney
(siehe Rezept links)
1 Orange
1 Chilischote
100 g Walnusskerne,
gehackt

ZUBEREITUNG:
45 MINUTEN

FÜR 4 PERSONEN
ALS HAUPTGERICHT

ZUBEREITUNG

1. Schalotten, Gemüsezwiebel und rote Zwiebeln in dünne Scheiben schneiden, in eine Schüssel geben, leicht salzen und für 30 Minuten beiseitestellen. Die Gussplatte auf den Grill legen und erhitzen.

2. Die Zwiebeln leicht ausdrücken und auf der Gussplatte Farbe nehmen lassen. Die Tortillawraps dünn mit dem Frischkäse bestreichen. Auf jedem Wrap Rote-Bete-Chutney verstreichen.

3. Die Orange mitsamt der weißen Innenhaut schälen und filetieren. Die Orangenfilets gleichmäßig auf den Wraps verteilen. Die Chilischote fein würfeln, dabei von den Kernen befreien, und auf die Wraps streuen. Die Wraps indirekt 5 Minuten bei 180 °C grillen und dann mit den gehackten Walnüssen bestreuen.

GEGRILLTER WIRSINGSALAT
MIT TOMATEN

ZUBEREITUNG: 45 MINUTEN

FÜR 4 PERSONEN
ALS VORSPEISE

Gusspfanne

2 Köpfe Romanasalat
1 kleiner Wirsing
1 Kolben Zuckermais (vorgegart)
8 Frühlingszwiebeln
100 g Austernpilze
50 g Puderzucker
16 Kirschtomaten
40 ml Balsamicoessig
50 g Parmesan, in Späne gehobelt

FÜR DIE VINAIGRETTE
1 EL Limettensaft
1 TL abgeriebene Schale von 1 unbehandelten Limette
50 ml Olivenöl
2 EL süße Chilisauce
½ TL Senf
1 Prise Meersalz
frisch geriebener Ingwer (nach Geschmack)

ZUBEREITUNG

1. Die äußeren Blätter von den Salatköpfen und dem Wirsing entfernen. Dann Salat und Wirsing in Blätter zerteilen, waschen, trocken schleudern. Die Wirsingblätter gegen die Blattadern in feine Streifen schneiden, mit ein paar Tropfen Olivenöl beträufeln und leicht angrillen. Nach etwa 5 Minuten die Salatblätter hinzugeben und beide noch ein wenig grillen, sodass sie warm und an einigen Stellen angeröstet sind.

2. Sämtliche Zutaten für die Vinaigrette verrühren. Den gegrillten Salat in eine Schüssel geben, die Hälfte der Vinaigrette darübergießen und den Salat warm stellen.

3. Den Mais grillen, bis er warm ist und leichte Röststellen hat. Die Maiskörner abschneiden und zum Salat geben. Die Frühlingszwiebeln wie für die Calçots auf Seite 92 beschrieben zubereiten. Die Pilze angrillen, mit der restlichen Vinaigrette beträufeln und warm stellen.

4. In einer Gusspfanne auf dem Seitenkochfeld oder dem Grill den Puderzucker schmelzen lassen, die Kirschtomaten hinzufügen und unter ständigem Rütteln der Pfanne karamellisieren lassen. Mit dem Balsamicoessig ablöschen.

5. Den Salat auf vier Teller geben, die Pilze und Tomaten darauf anrichten und mit Parmesanspänen bestreuen. Die Calçots danebenlegen.

VEGETARISCH

GEGRILLTES GEMÜSE
MIT WALNUSSDIP

Räucherbrett, Gussplatte

8 Rosenkohlröschen
1 Brokkoli
1 Blumenkohl
4 Pastinaken
8 Karotten
Salz
frisch gemahlener Pfeffer
2 EL Olivenöl
12 Schalotten
150 ml Fischsauce
100 g Walnusskerne

ZUBEREITUNG: 1 STUNDE

FÜR 4 PERSONEN
ALS VORSPEISE

ZUBEREITUNG

1. Das Räucherbrett für mindestens 4 Stunden in kaltes Wasser legen. Vom Rosenkohl die äußeren Blätter entfernen, die Röschen halbieren und den Strunk herausschneiden. Vom Brokkoli und Blumenkohl etwa zwölf schöne Röschen abtrennen. Den Stiel vom Brokkoli und die Pastinaken schälen und in feine Streifen schneiden. Die Karotten putzen und halbieren.

2. Das so vorbereitete Gemüse in eine Schüssel geben, salzen, pfeffern und mit dem Olivenöl vermengen. Das gewässerte Brett auf ein großes Stück Alufolie legen. Das Gemüse auf dem Brett verteilen, die Ecken der Alufolie fassen und nach oben über dem Gemüse zu einem Zelt zusammenfalten. Das so vorbereitete Brett 30 Minuten bei 150 °C direkt auf den Grill stellen. Durch das feuchte, heiße Brett wird das Gemüse im Alufolienzelt gedämpft. Die ungeschälten Schalotten ebenfalls für 20 Minuten auf den Grill legen, bis sie weich sind. Die Gussplatte zum Aufheizen mit auf den Grill legen.

3. Die Fischsauce und die Walnüsse mit dem Pürierstab zu einem Dip verarbeiten. Das gedämpfte Gemüse aus der Alufolie nehmen, auf die Gussplatte legen und leicht bräunen. Das Gemüse mit dem Walnussdip auf vier Tellern anrichten. Die weichen Schalotten vom Grill nehmen und das Wurzelende etwa 1 cm breit abschneiden. Die warmen Schalotten aus der Schale auf die Teller zu dem Gemüse drücken und servieren.

KRÄUTERIGES PILZQUARTETT

ZUBEREITUNG: 1 STUNDE

FÜR 4 PERSONEN
ALS ZWISCHENGANG

200 g Champignons
200 g Austernpilze
200 g Shiitakepilze
200 g Steinpilze
½ Bund frischer Thymian,
Blättchen abgezupft
200 g Ziegenfrischkäse
Salz
frisch gemahlener Pfeffer
Currypulver
2 Knoblauchknollen
1 Zitrone
½ Bund glatte Petersilie,
fein geschnitten

ZUBEREITUNG

1. Wie für den Räucherbeutel aus Alufolie eine Tüte falten (siehe Seite 17). Die Pilze putzen und in gleich große Würfel schneiden. Die Pilzwürfel mit den Thymianblättchen und dem Frischkäse in die Alufolientüte geben, etwas Salz, Pfeffer und eine Prise Currypulver hinzufügen. Die Tüte sorgfältig verschließen und schwenken, damit sich die Zutaten vermischen.

2. Die Pilze indirekt 30 Minuten bei 150 °C auf dem Grill garen. Den Knoblauch auch indirekt bei gleicher Temperatur auf den Grill legen, bis er weich ist. Die Zitrone halbieren, während der letzten 15 Minuten Garzeit mit den Schnittflächen auf den Grill legen und direkt mitgrillen. Die Alutüte vom Grill nehmen, vorsichtig öffnen und den Inhalt in eine Schale gießen.

3. Den Knoblauch vom Grill nehmen und die Wurzelenden abschneiden. Die weichen Knoblauchzehen aus den Häuten drücken, zu den Pilzen geben und unterrühren. Die gegrillte Zitrone über den Pilzen ausdrücken.

4. Die Pilze auf vier Tellern anrichten und mit der Petersilie garnieren.

VEGETARISCH

DESSERTS

MELONEN

MILCHREIS

HIMBEEREN

BROMBEEREN

HEIDELBEEREN

ZIEGENKÄSE

ERDBEEREN

BANANEN

RENEKLODEN

ÄPFEL

ORANGEN

NUGAT

SCHOKOLADE

POMELOS

MELONEN-NIGIRI

ZUBEREITUNG:
1 STUNDE 15 MINUTEN

FÜR 4 PERSONEN
ALS DESSERT

250 ml Milch
50 g Milchreis
Salz
Zucker
1 Wassermelone
1 Bund Minze
200 g Zucker
1 Apfel (Pink Lady)
50 ml Zitronensaft
100 ml Ahornsirup

TIPP

Entstanden ist die Idee zu diesem Sushi, als mittags einmal eine ordentliche Portion Milchreis übrig geblieben ist. Dann muss man nicht extra Milchreis kochen und spart sich auch das Warten, bis er abgekühlt ist. Man kann das Sushi aber auch mit fertig gekauftem Milchreis zubereiten.

ZUBEREITUNG

1. Die Milch mit dem Milchreis in einen Topf geben und unter ständigem Rühren bei hoher Temperatur bis kurz unter den Siedepunkt erhitzen. Dann den Herd auf möglichst geringe Temperatur stellen und den Reis zugedeckt quellen lassen, bis er die Milch aufgesogen hat; das dauert 30–45 Minuten. Währenddessen gelegentlich rühren. Den Milchreis mit einer Prise Salz und Zucker abschmecken, vom Herd nehmen, auf einem Teller verstreichen und abkühlen lassen.

2. Aus der Melone zwölf Stücke mit 10 cm Länge, 4 cm Breite und 2 cm Höhe schneiden und diese etwa 45 Minuten bei 130 °C indirekt grillen. Dadurch trocknet die Melone ein wenig aus und bekommt einen fleischigen Charakter.

3. Falls der Milchreis noch sehr feucht ist, den kalten Reis auf mehreren Lagen Küchenpapier verstreichen und für 30 Minuten beiseitestellen; so verliert er überschüssige Feuchtigkeit.

4. Aus dem Milchreis zwölf Nocken formen. Die Minzeblätter mit dem Zucker im Mörser zu einer Paste zerstoßen. Den Apfel schälen, mit einem Sparschäler in feine Bänder schneiden und mit Zitronensaft beträufeln. Den Ahornsirup in vier kleine Schalen gießen.

5. Auf jeden Teller vier Milchreisnocken geben und die Melonenstücke darauf anrichten – sie sollen der »Fisch« des Sushis sein. Je einen Klecks Minzepaste – als wäre es Wasabi – danebengeben. Die Apfelbänder ebenfalls auf die vier Teller verteilen, sie stellen den Ingwer dar, und den Ahornsirup – als Sojasaucen-Nachahmung – in den Schälchen dazustellen. Wer möchte, kann, ganz stilecht, auch noch Stäbchen dazulegen.

BEEREN-POTPOURRI
IM ZIEGENKÄSEBETT

ZUBEREITUNG: 30 MINUTEN

FÜR 4 PERSONEN
ALS DESSERT

Räucherbrett

**4 kleine oder 1 großer Ziegen-
weichkäse (400–500 g; ersatzweise Camembert)
100 g Himbeeren
100 g Brombeeren
100 g Heidelbeeren
100 g Walnusskerne**

ZUBEREITUNG

1. Den Ziegenkäse auf das Räucherbrett legen und etwa 20 Minuten bei 150 °C indirekt grillen, bis er im Inneren flüssig ist.

2. Den Käse vom Brett nehmen, auf einen großen oder vier kleine Teller legen und vorsichtig rundherum am oberen Rand einschneiden. Den so entstandenen Deckel abnehmen.

3. Mittig auf dem flüssigen Käsekern die Beeren und Walnüsse verteilen. Bei Gästen, die sich gut kennen, den großen Ziegenkäse einfach mitten auf den Tisch stellen und vier Dessertlöffel dazureichen. Dann kann jeder nach Lust und Laune von dem Käse naschen. Ansonsten einen Servierlöffel danebenlegen, damit sich jeder eine Portion nehmen kann.

ERDBEER- TÖRTCHEN
MIT MARSH- MALLOWS

ZUBEREITUNG: 30 MINUTEN

FÜR 4 PERSONEN
ALS DESSERT

12–16 Erdbeeren
1 Handvoll Minzeblätter,
in Streifen geschnitten
4 kleine Biskuitböden
kleine Marshmallows
Brausepulver (beispielsweise
von Ahoi, Sorte nach
Geschmack, nur nicht Wald-
meister oder Cola)

ZUBEREITUNG

1. Die Erdbeeren in kleine Würfel schneiden, mit der klein geschnittenen Minze vermengen und dekorativ auf den Biskuitböden verteilen.

2. Die Marshmallows in Scheiben schneiden und jeweils drei Scheiben auf jedes Erdbeertörtchen geben.

3. Die Törtchen etwa 5 Minuten indirekt bei 180 °C grillen, bis die Marshmallows hellbraun geworden sind. Vor dem Servieren über jedes Erdbeertörtchen eine Prise Brausepulver streuen und die Törtchen nach Belieben mit ein paar Minzeblättern garnieren.

BANANE
MIT NUTELLA-SCHAUM

**iSi Gourmet Whip,
2 N$_2$O Patronen**

**100 g Nutella
200 ml Sahne
5 Bananen
Nüsse oder Schokoladenraspel
zum Garnieren
(nach Belieben)**

ZUBEREITUNG: 30 MINUTEN

FÜR 4–8 PERSONEN
ALS DESSERT

ZUBEREITUNG

1. Nutella, Sahne und eine geschälte Banane (etwa 100 g Fruchtfleisch) in einem Mixer pürieren. Die Flüssigkeit durch ein Sieb in den iSi Gourmet Whip gießen. Die Flasche mit zwei N$_2$O-Patronen bestücken und kräftig schütteln.

2. Die restlichen ungeschälten Bananen 20 Minuten indirekt bei etwa 180 °C grillen, bis sie weich sind.

3. Die Bananen schälen und je nach Hunger der Gäste der Länge nach halbieren oder ganz lassen. Jeweils eine ganze oder halbe Banane auf einen Teller geben und dekorativ mit Nutellaschaum besprühen. Die Bananen nach Belieben mit Nüssen oder Schokoladenraspeln garnieren und servieren.

RENEKLODEN
IM ZUCKERWATTE-NEST

ZUBEREITUNG: 30 MINUTEN

FÜR 4 PERSONEN
ALS DESSERT

Zuckerwattemaschine

**2 Renekloden (ersatzweise
runde Pflaumen, Aprikosen
oder Pfirsiche)
80 g Ricotta
1 TL Ahornsirup
1 Msp. Vanillemark
50 g Zucker
1 Tüte Brausepulver (beispielsweise von Ahoi)**

ZUBEREITUNG

1. Die Renekloden halbieren und den Kern entfernen. Den Ricotta mit dem Ahornsirup und dem Vanillemark verrühren.

2. Den Ricotta in die Reneklodenhälften füllen. Die Früchte auf dem Grill indirekt etwa 15 Minuten bei 180 °C grillen, bis sie warm und weich sind und der Ricotta an manchen Stellen leicht gebräunt ist.

3. Während die Renekloden garen, vier Nester aus Zuckerwatte herstellen. Dafür den Zucker nach Gebrauchsanweisung in die Zuckerwattemaschine geben. Auf vier Dessertteller je ein Zuckerwattenest legen und die gegrillten Reneklodenhälften daraufsetzen. Den Ricotta mit je einer Prise Brausepulver bestreuen.

4. Zum Genießen die Zuckerwatte leicht andrücken und zusammen mit der gefüllten Fruchthälfte in den Mund schieben.

GESMOKTE APFELRASPEL
MIT ZIEGENKÄSE

**Spiralschneider,
1 Handvoll Heu (Tierfutter)**

**6 Äpfel (möglichst 3 säuerliche
wie Boskop und 3 süßliche
wie Cox Orange)
50 g Walnusskerne, gehackt
4 EL Ahornsirup
100 g Ziegenfrischkäse
50 g Heidelbeeren
50 g Brombeeren**

ZUBEREITUNG: 30 MINUTEN

FÜR 4 PERSONEN
ALS DESSERT

ZUBEREITUNG

1. Die Äpfel mit einem Spiralschneider schneiden.

2. In eine Aluschale Heu geben. Eine zweite Aluschale in die erste stellen und
mit einer Gabel Löcher in den Boden der zweiten Schale stoßen. In die beiden übereinandergestapelten Aluschalen eine Grillschale setzen und darauf
die Äpfel verteilen. Die Grillschale ist notwendig, damit die Äpfel nicht die
Löcher, durch die der Rauch dringen soll, zudecken. Die Äpfel mit Alufolie
abdecken.

3. Die Äpfel auf den Grill stellen und direkt bei 180 °C grillen. Den Deckel des
Grills schließen. Nach einer Weile fängt das Heu zu qualmen an und räuchert die Äpfel. Nach 20 Minuten die Aluschalen mit den Äpfeln vom Grill
nehmen und die Äpfel portionsweise auf vier Tellern anrichten.

4. Die Walnüsse über die Äpfel streuen und über jede Portion 1 EL Ahornsirup geben. Den Frischkäse in einen Spritzbeutel mit ganz feiner Tülle oder
in einen Gefrierbeutel ohne Standboden füllen und von diesem eine der
unteren Ecken abschneiden. Den Käse dekorativ auf die Äpfel spritzen. Zum
Abschluss jede Portion noch mit Heidel- und Brombeeren garnieren.

NUGAT
MIT ORANGEN-FILETS

ZUBEREITUNG: 30 MINUTEN

FÜR 4 PERSONEN
ALS DESSERT

4 Holzspieße

**2 Orangen
16 Stücke (etwa 450 g)
französischer Nugat aus
Montelimar oder anderer
weißer Nugat (Turrón)
10 g Butter
Minzeblättchen
zum Garnieren**

ZUBEREITUNG

1. Die Orangen mitsamt der weißen Innenhaut schälen und die Filets heraus-schneiden. Die Nugatstücke vorsichtig auf vier Holzspieße stecken.

2. Ein Stück Alufolie mit der Butter bestreichen und auf den Grill legen. Die Nugatspieße auf die Folie legen und etwa 10 Minuten bei mittlerer Hitze direkt grillen. Dabei mehrmals wenden, bis der Nugat rundherum leichte Röststellen hat. Vorsicht, der Nugat darf nicht so weich werden, dass er vom Spieß fällt.

3. Die Orangenfilets ebenfalls 10 Minuten auf der Alufolie grillen, bis sie hell-braune Stellen bekommen. Nugat und Orangenfilets auf vier Tellern anrich-ten und mit Minze garnieren.

KNUSPER-BACON
MIT SCHOKOLADE UND CHILIPOMELOS

ZUBEREITUNG: 45 MINUTEN

FÜR 4 PERSONEN
ALS DESSERT

Gussplatte

200 g Zartbitterkuvertüre
200 g weiße Kuvertüre
1 TL fein geschnittene rote
Chilischote
1 Pomelo
12 Scheiben Bacon
(Frühstücksspeck)

TIPP:

Wer mag, kann die Chilipomelo
auch sofort auf die noch warme,
weiche Schokolade geben. Dann
haften die Segmente beim Abkühlen
der Schokolade direkt am Speck.

ZUBEREITUNG

1. Beide Kuvertüren getrennt hacken, jeweils in eine Aluschale oder Edelstahl-schüssel geben, in ein 40 °C warmes Wasserbad stellen und unter gelegent-lichem Rühren schmelzen lassen.

2. Die Baconscheiben auf dem Grill unter mehrfachem Wenden direkt knusp-rig grillen. Zwischendurch das austretende Fett mit Küchenpapier abtupfen. Den Speck abkühlen lassen. Die Gussplatte auf dem Grill erhitzen.

3. Die Pomelo mitsamt der weißen Innenhaut schälen und filetieren. Die Fruchtfilets auf der Gussplatte direkt grillen. Die Filets fallen dabei komplett auseinander; zur Not mit einem Spatel etwas nachhelfen.

4. Die Pomelos mit den Chilistückchen vermischen. Die Baconscheiben in die Kuvertüre tauchen. Die Schokolade abtropfen lassen, die Stücke auf ein Küchengitter legen und die Schokolade fest werden lassen.

5. Auf vier Desserttellern den Schokoladenspeck mit den Chilipomelos anrich-ten. Zum Genießen ein Stück Schokobacon in die Hand nehmen, etwas Chilipomelo daraufgeben und in den Mund stecken. So verbinden sich die Aromen von der süßen Schokolade, dem salzigen, knusprigen Speck und der scharf-sauren Chilipomelo auf der Zunge.

HINTER DEN GRILLKULISSEN

MARKUS DELFS

Mithilfe der innovativen Fleischreifebeutel von Markus Delfs kommen auch Endverbraucher ohne großen Aufwand in den Genuss von Dry-Age-Rindfleisch. Zugegeben, anfangs war ich skeptisch, aber Funktionsweise der Beutel und Qualität des Dry-Age-Fleischs haben mich beeindruckt. Die Beutel sind auch für diejenigen eine gute Alternative, die den Kauf eines eher preisintensiven professionellen Reifeschranks scheuen.

55Grad, Schönstraße 56, 81543 München, Email: info@55grad.biz, www.55grad.biz

Markus Delfs und Andreas Rummel begutachten ein Stück Dry-Age-Fleisch im Reifebeutel.

BOSFOOD

Super kompetenter Service, freundliche Mitarbeiter, 1A-Produkte, immer auf dem neuesten Stand. Diese kurze Beschreibung von Bosfood sagt alles. Ralf Bos und sein Team – besonders die Crew aus der Produktionsküche um Achim Eisenberger – haben mich seit Beginn meiner Grillkarriere unterstützt und beraten. Genau genommen haben wir uns gegenseitig Ideen geliefert, und viele davon fielen auf fruchtbaren Boden. Wenn ich heute in der Zentrale in Büderich vorbeischaue, habe ich nicht den Eindruck, einfach einen Lieferanten zu besuchen, sondern fühle mich als Gast bei Freunden. Regelmäßig veranstalte ich dort auch Grillseminare für die Gastronomie.

BOSFOOD GmbH, Grünstraße 24c, 40667 Meerbusch, Tel: +49 (0)2132 139 0, Email: service@bosfood.de, www.bosfood.de

Die Delikatessenjäger: Achim und Martin Eisenberger (rechts) mit Andreas Rummel.

FLEISCHEREI FESSEL

Die Fessels sind ein innovativer Traditionsbetrieb mit Charme. Metzger Fessel ist »mein Fleischer des Vertrauens«. Oder anders ausgedrückt: »Freunde dich mit deinem Fleischer an, dann bekommst du auch gute Ware!« Schon mein Vater hat mich als Kleinkind dorthin mitgenommen. Bei Oma Fessel gab es immer ein Stück Schokolade für mich. Und heute sitze ich mit ihrem Enkel und Urenkel an einem Tisch, um gemeinsam neue Wurstkreationen zu entwickeln oder zu testen und über Fleischschnitte zu philosophieren. Manchmal diskutieren wir auch über die neuesten Trends auf dem Lebensmittelmarkt.

Fleischerei Fessel GbR, Feine Fleisch- und Wurstspezialitäten, Ilgerstraße 53, 99768 Ilfeld, Tel: +49 (0)36331 46 36 2, Email: info@fleischerei-fessel.de, www.fleischerei-fessel.de:

Fleischkenner unter sich: Hendrik und Erwin Fessel (rechts) testen, philosophieren und lachen mit Andreas Rummel.

Kreative unter sich: Christoph Moser, Global Culinary Ambassador, und Andreas Rummel sammeln Ideen für neue Grillversuche.

ISI

Der iSi Gourmet Whip avancierte vom einfachen Sahnespender zum Universalwerkzeug der anspruchsvollen Köche und Griller. Die Einsatzmöglichkeiten sind nahezu unbegrenzt. Schäume und Suppen herstellen, Fleisch marinieren, Öl oder Alkohol infundieren – beim Verwenden des iSi kommt man immer wieder auf neue kreative Ideen.

iSi Deutschland GmbH, Mittelitterstraße 12–16, 42719 Solingen, Tel: +49 (0)212 397 0, Email: isideutschland@isi.com, www.isi.com

PROFAGUS

Genau genommen begann meine Karriere als professioneller Griller mit einer Grillshow on Tour. Den Showtruck stellte die Firma ProFagus. Das war im Jahr 2007, und ich absolvierte über 100 Auftritte. Seither greife ich gern auf die hochwertige Holzkohle dieses Herstellers zurück. Entscheidende Kaufkriterien sind für mich dabei nicht nur die hohen Qualitätsstandards und die flächendeckende Verfügbarkeit, sondern auch, dass die Kohle in Deutschland aus nachwachsenden heimischen Rohstoffen, nämlich aus 100 % reinem Buchenholz, hergestellt wird.

proFagus GmbH, Uslarer Straße 30, 37194 Bodenfelde, Tel: +49 (0)5572 944 0, Email: mail@profagus.de, www.profagus.de

Schon ein paar Jährchen her, aber die Holzkohle von proFagus wird von Andreas Rummel nach wie vor gern genutzt.

217

STEBA

Ohne die Firma Steba liefe bei meinen Gastroseminaren und
Caterings so gut wie nichts. Elektrogrill, Wärmeplatte, Indukti-
onsfeld, Entsafter und auch moderne Sous-vide-Geräte in verschiedenen Größen aus dem Hause Steba sind für mich
unverzichtbar. Steba bietet meines Erachtens Qualität und In-
novation zu einem fairen Preis.

Steba Elektrogeräte GmbH & Co. KG, Pointstraße 2,
96129 Strullendorf, Tel: +49 (0)9543 449 0,
Email: elektro@steba.com, www.steba.com

Mit einem mobilen Sous-vide-Garer kann man mit ein
wenig Fantasie auch größere Stücke »Fleisch« garen.

NAPOLEON GOURMET GRILLS

Im Laufe meiner Karriere habe ich schon auf vielen Grills diverser Hersteller gegrillt. Seit zwei Jahren grille ich auf Geräten von Napoleon – übrigens auch die
Rezepte in diesem Buch – und bin damit sehr zufrieden. Die Firma fertigt qualitativ hochwertige, innovative und funktionale Produkte. Zudem unterstützt
mich das kompetente und freundliche Team um Michael
Voragen, Fred Schalwijk und Matthias Steube
von der Agentur Grillkulina-
rium, wo es kann. Das positive
Feedback vieler Grillseminar-
teilnehmer bezüglich der Geräte bestätigt mir, dass ich mit
Napoleon den richtigen Partner
im Grillbereich gefunden habe.

Napoleon Gourmet Grills
Deutschland / Wolf Steel Europe
Poppenbouwing 29-31
4191 NZ Geldermalsen Holland
Tel: +31 (0)345 588655
Email: info@napoleongrills.nl
www.napoleongrills.eu

Schon länger ein gutes Team: Michael Voragen
und Andreas Rummel.

FIRE FOOD FUN

Aus der jahrelangen freundschaftlichen Zusammenarbeit mit meinem Schulfreund und Geschäftspartner Stephan Koloczek entstand die Marke FIRE FOOD FUN. Heute entwickeln Stephan und ich als erfolgreiches Team, mit Unterstützung seiner Frau Kathrin im Büro in Höhenkirchen, interessante Konzepte rund um das Thema kreatives Grillen. Genau genommen unterstützt mich Stephan generell auf vielfältige Art und Weise. Ursprünglich kommt er aus der Automobilbranche, doch mittlerweile teilt er meine Begeisterung für das Thema Grillen.

FIRE FOOD FUN, Münchner Straße 7
85635 Höhenkirchen
Tel: +49 (0)8102 89 665 15
Email: info@fire-food-fun.com, ww.fire-food-fun.com

Eine Schulfreundschaft, die bis heute hält und viele kreative Projekte hervorbringt: Andreas Rummel und Stephan Koloczek.

DER ANGENEHMSTE TEIL BEIM SCHREIBEN EINES BUCHES IST, ALL DEN MENSCHEN, DIE GEHOLFEN HABEN, ES ZU VERWIRKLICHEN, SEINEN DANK AUSZUSPRECHEN.

Mein Dank geht natürlich zuerst an meine lieben Eltern, durch die ich schon während meiner Kindheit einen Einblick in kulinarisches Grundwissen und diverse Küchentechniken bekommen habe.

Ein besonderes Dankeschön gilt meinen Freunden und Kollegen, deren Tipps und Ratschläge mich oft inspiriert haben. Stellvertretend möchte ich Patrick Jahs von der Kochschule Lecker Werden In Essen nennen.

Ein spezieller Dank geht an Prof. Thomas Vilgis für seinen wissenschaftlichen Background. Ich habe sehr viel bei ihm gelernt.

Bei meinem Freund Ralf Bos möchte ich mich für die jahrelange freundschaftliche Partnerschaft und für das sehr gelungene Vorwort sowie seinen Beitrag zu Grilltrends bedanken. Auch meine Freunde und Kollegen aus der Grillszene, mit denen mich eine oft schon jahrelange Freundschaft verbindet, möchte ich hier erwähnen. Wir alle haben uns das kreative Grillen auf die Fahnen geschrieben und befruchten unsere Arbeit gegenseitig mit Know-how und Anregungen.

Ein ganz besonderer Dank geht auch an die Familie Neumann in Höhenkirchen, die uns ihren wunderschönen Garten zur Verfügung gestellt hat. Dort entstanden die Fotos für dieses Buch.

Zu guter Letzt sende ich ein Dankeschön an meinen Heimatort, den Luftkurort Neustadt am Harz, wo ich mich nach stressigen Terminen erholen, mich entspannen sowie neue Kraft tanken kann.

REGISTER

Ebenfalls erhältlich ...

ISBN 978-3-86244-213-3

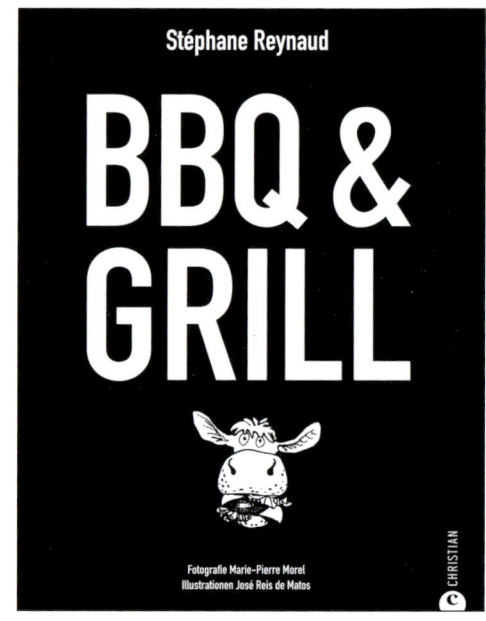

ISBN 978-3-86244-126-6

ISBN 978-3-86244-026-9

ISBN 978-3-86244-590-5

CHRISTIAN

www.christian-verlag.de